Estrutura da língua portuguesa

Coleção de Linguística
Coordenadores
Gabriel de Ávila Othero – Universidade Federal do Rio Grande do Sul (UFRGS)
Sérgio de Moura Menuzzi – Universidade Federal do Rio Grande do Sul (UFRGS)

Conselho consultivo
Alina Villalva – Universidade de Lisboa
Carlos Alberto Faraco – Universidade Federal do Paraná (UFPR)
Dante Lucchesi – Universidade Federal Fluminense (UFF)
Leonel Figueiredo de Alencar – Universidade Federal do Ceará (UFC)
Letícia M. Sicuro Correa – Pontifícia Universidade Católica do Rio de Janeiro (PUC-Rio)
Luciani Ester Tenani – Universidade Estadual de São Paulo (Unesp)
Maria Cristina Figueiredo Silva – Universidade Federal do Paraná (UFPR)
Roberta Pires de Oliveira – Universidade Federal de Santa Catarina (UFSC)
Roberto Gomes Camacho – Universidade Estadual de São Paulo (Unesp)
Valdir Flores – Universidade Federal do Rio Grande do Sul (UFRGS)

Dados Internacionais de Catalogação na Publicação (CIP)
(Câmara Brasileira do Livro, SP, Brasil)

Camara Jr., Joaquim Mattoso
  Estrutura da Língua Portuguesa / Joaquim Mattoso Camara Jr. ; edição, estabelecimento de texto, introdução e notas de Emílio Gozze Pagotto, Maria Cristina Figueiredo Silva e Manoel Mourivaldo Santiago-Almeida. – Petrópolis, RJ : Vozes, 2019. – (Coleção de Linguística)

  Bibliografia.

  2ª reimpressão, 2024.

  ISBN 978-85-326-5852-4

  1. Português – Gramática I. Pagotto, Emílio Gozze. II. Silva, Maria Cristina Figueiredo. III. Santiago-Almeida, Manoel Mourivaldo. IV. Título. V. Série.

18-17773   CDD-469.5

Índices para catálogo sistemático:
1. Gramática : Português : Linguística   469.5

Cibele Maria Dias – Bibliotecária – CRB-8/9427

JOAQUIM MATTOSO CAMARA JR.

Estrutura da língua portuguesa
Edição crítica

Edição crítica de Emílio Gozze Pagotto, Maria Cristina Figueiredo Silva, Manoel Mourivaldo Santiago-Almeida

Petrópolis

© 2019, Editora Vozes Ltda.
Rua Frei Luís, 100
25689-900 Petrópolis, RJ
www.vozes.com.br
Brasil

Todos os direitos reservados. Nenhuma parte desta obra poderá ser reproduzida ou transmitida por qualquer forma e/ou quaisquer meios (eletrônico ou mecânico, incluindo fotocópia e gravação) ou arquivada em qualquer sistema ou banco de dados sem permissão escrita da editora.

CONSELHO EDITORIAL

Diretor
Volney J. Berkenbrock

Editores
Aline dos Santos Carneiro
Edrian Josué Pasini
Marilac Loraine Oleniki
Welder Lancieri Marchini

Conselheiros
Elói Dionísio Piva
Francisco Morás
Gilberto Gonçalves Garcia
Ludovico Garmus
Teobaldo Heidemann

Secretário executivo
Leonardo A.R.T. dos Santos

PRODUÇÃO EDITORIAL

Aline L.R. de Barros
Marcelo Telles
Mirela de Oliveira
Otaviano M. Cunha
Rafael de Oliveira
Samuel Rezende
Vanessa Luz
Verônica M. Guedes

Conselho de projetos editoriais
Luísa Ramos M. Lorenzi
Natália França
Priscilla A.F. Alves

Editoração: Elaine Mayworm
Diagramação: Sheilandre Desenv. Gráfico
Revisão gráfica: Nilton Braz da Rocha / Nivaldo S. Menezes
Capa: WM design
Revisão técnica: Carlos Alexandre Gonçalves

ISBN 978-85-326-5852-4

Este livro foi composto e impresso pela Editora Vozes Ltda.

Apresentação da coleção

Esta publicação é parte da **Coleção de Linguística** da Vozes, retomada pela editora em 2014 num esforço de dar continuidade à coleção coordenada, até a década de 1980, pelas professoras Yonne Leite, Miriam Lemle e Marta Coelho. Naquele período, a coleção teve um papel importante no estabelecimento definitivo da Linguística como área de pesquisa regular no Brasil e como disciplina fundamental da formação universitária em áreas como as Letras, a Filosofia, a Psicologia e a Antropologia. Para isso, a coleção não se limitou à publicação de autores fundamentais para o desenvolvimento da Linguística, como Chomsky, Langacker e Halliday, ou de linguistas brasileiros já então reconhecidos, como Mattoso Camara; buscou também veicular obras de estudiosos brasileiros que então surgiam como lideranças intelectuais e que, depois, se tornaram referências para a disciplina no Brasil – como Anthony Naro, Eunice Pontes e Mário Perini. Dessa forma, a **Coleção de Linguística** da Vozes participou ativamente da história da Linguística brasileira, tendo ajudado a formar as gerações de linguistas que ampliaram a disciplina nos anos de 1980 e 1990 – alguns dos quais ainda hoje atuam intensamente na vida acadêmica nacional.

Com a retomada da **Coleção de Linguística** pela Vozes, a editora quer voltar a participar decisivamente das novas etapas de desenvolvimento da disciplina no Brasil. Agora, trata-se de oferecer um veículo de disseminação da informação e do debate em um novo ambiente: a Linguística é hoje uma disciplina estabelecida nas universidades brasileiras; é também um dos setores de pós-graduação que mais crescem no país; finalmente, o próprio quadro geral das universidades e da pesquisa brasileira atingiu uma dimensão muito superior àquela que se testemunhava nos anos de 1970 a 1990. Dentro desse quadro, a **Coleção de Linguística** da Vozes tem novas missões a cumprir:

- em primeiro lugar, é preciso oferecer aos cursos de graduação em Letras, Filosofia, Psicologia e áreas afins material renovador, que permita aos alunos integrarem-se ao atual patamar de conhecimento da área de Linguística;
- em segundo lugar, é preciso continuar com a tarefa de colocar à disposição do público de Língua Portuguesa obras decisivas do desenvolvimento, passado e recente, da Linguística;
- finalmente, é preciso oferecer ao setor de pós-graduação em Linguística e ao novo e amplo conjunto de pesquisadores que nele atua um veículo adequado à disseminação de suas contribuições: um veículo sintonizado, de um lado, com o que se produz na área de Linguística no Brasil; e, de outro, que identifique, nessa produção, aquelas contribuições cuja relevância exija uma disseminação e atinja um público mais amplo, para além da comunidade dos especialistas e dos pesquisadores de pós-graduação.

Em suma, com esta **Coleção de Linguística** esperamos publicar títulos relevantes, cuja qualidade venha a contribuir de modo decisivo não apenas para a formação de novas gerações de linguistas brasileiros, mas também para o progresso geral dos estudos das Humanidades neste início do século XXI.

Gabriel de Ávila Othero
Sérgio de Moura Menuzzi
Organizadores

Sumário

Apresentação, 11
   1 Introdução, 11
   2 Critérios adotados, 12
   3 Palavras finais, 24

Parte introdutória – Considerações gerais, 25

I – Gramática e seu conceito, 27
   1 As gramáticas e seus princípios, 27
   2 A gramática descritiva, 29
   3 As implicações diacrônicas, 31
   4 A Linguística, a gramática normativa e o ensino, 32

II – Variabilidade e invariabilidade na língua, 35
   5 A variação linguística e a gramática descritiva, 35
   6 A regularidade e a irregularidade, 37
   7 A fala e a escrita, 38

III – A técnica da descrição linguística, 41
   8 O método estruturalista, 41
   9 A dupla articulação da linguagem, 43
   10 A variação linguística, 45
   11 A homonímia, a polissemia e a descrição dos fonemas, 48
   Notas dos editores, 51

Parte primeira – A segunda articulação ou fonologia, 53

IV – Sons vocais elementares e fonemas, 55
    12 O conceito de fonema, 55
    13 Os fonemas e seus alofones, 57
    14 A classificação dos traços distintivos, 59
    15 Vogais e consoantes, 60

V – As vogais e as consoantes portuguesas, 63
    16 Introdução: Breve história da descrição fonética do português, 63
    17 As vogais portuguesas em posição acentuada, 65
    18 As vogais portuguesas em posição átona, 68
    19 O estatuto dos ditongos em português, 71
    20 O estatuto da nasalidade vocálica em português, 72
    21 As consoantes do português, 74
    22 Um outro arranjo para as consoantes, 77
    23 Consoantes em posição não inicial, 78

VI – As estruturas da sílaba em português, 81
    24 Vogais e consoantes na estrutura silábica em português, 81
    25 O estatuto dos ditongos em português, 83
    26 A sílaba nos vocábulos de origem erudita, 85
    27 A estrutura silábica de vogais nasais, 88
    28 Uma última consideração, 91

VII – A acentuação e o vocábulo fonológico, 93
    29 Processos em fronteiras de palavra, 93
    30 O acento em grupos de força e no vocábulo fonológico, 94
    31 O padrão acentual predominante, 97
    Notas dos editores, 99

Parte segunda – A primeira articulação ou morfologia, 103

VIII – O vocábulo formal e a análise mórfica, 105
    32 O conceito de vocábulo formal, 105
    33 Análise mórfica, 110
    34 Resumo, 114

IX – A classificação dos vocábulos formais, 117

    35 As grandes classes de palavras, 117

    36 As classes menores, 120

X – O mecanismo da flexão portuguesa, 123

    37 Flexão e derivação, 123

    38 A suposta flexão de grau do adjetivo em português, 125

    39 Sufixos flexionais em português, 127

    40 Vogais temáticas nominais, 130

XI – O nome e suas flexões, 131

    41 Nomes substantivos e adjetivos, 131

    42 A flexão de gênero, 133

    43 A descrição do mecanismo do gênero nominal, 135

    44 A flexão de número, 138

    45 A alomorfia de número condicionada fonologicamente, 140

    46 A alomorfia propriamente mórfica no número nominal, 141

XII – A significação geral das noções gramaticais do verbo, 145

    47 Introdução, 145

    48 Método de pesquisa, 147

    49 Tempo, 148

    50 O modo subjuntivo e o imperativo, 151

    51 Formas nominais do verbo, 153

XIII – A flexão verbal portuguesa – o padrão geral, 155

    52 Fórmula geral do vocábulo verbal, 155

    53 Descrição do padrão geral do vocábulo verbal, 157

    54 Alternâncias submorfêmicas no padrão geral, 162

XIV – Os padrões especiais dos verbos em português, 165

    55 Introdução, 165

    56 R *versus* R', 166

    57 R *versus* R_1, 167

    58 Particípios, 171

XV – O sistema de pronomes em português, 173

    59 Os pronomes pessoais, 173

    60 Os pronomes possessivos, 178

    61 Os pronomes demonstrativos, 181

    Notas dos editores, 184

Referências, 187

Apresentação

1 INTRODUÇÃO

Esta edição representa um desejo antigo que decorre sobretudo da nossa atuação como professores do Ensino Superior. Foi nas páginas de *Estrutura da Língua Portuguesa* que tivemos não apenas a primeira elaboração sistemática da gramática do português brasileiro à luz da Linguística teórica, mas a nossa própria formação em Linguística teórica. Com os anos de trabalho, nele pudemos ver problemas de edição que acabavam se tornando obstáculos à sua fruição pelas novas gerações que entravam em contato com o trabalho de Mattoso Camara Jr. Assim, sentíamos a falta de uma edição que ao menos corrigisse os problemas mais triviais e modernizasse os caracteres usados para as transcrições fonéticas.

A oportunidade veio e, com ela, a imensa responsabilidade de colocar a mão no quase sacrossanto texto de Mattoso. Foi o que fizemos, pautados por critérios normalmente utilizados na área da Crítica Textual: confronto com testemunhos diferentes do mesmo texto, observação da coerência interna do texto para fins de intervenção, preservação do que seria o espírito original do texto, depreensível a partir do exame dos testemunhos e da coerência interna.

De antemão, já deixamos claro que esta não é uma edição explicativa. Por mais que desejássemos, em mais de um momento, chamar a atenção do leitor para preciosidades de certas análises, ou *insights* reveladores que o texto propicia, o que buscamos foi dar ao público uma edição que permitisse a leitura mais transparente possível do texto de *Estrutura da Língua Portuguesa*. Procuramos levar a cabo essa tarefa com o mínimo de intervenções possível e com o menor número de notas.

Para esta edição, a primeira publicação da obra, de 1970[1], teve o papel de texto-base, ainda que, no caso, não tenha sido referendada pelo próprio autor, que faleceu antes de sua publicação. O texto-base foi confrontado com a última edição (2013), na qual se buscaram mudanças que pudessem contribuir para a elucidação de eventuais problemas encontrados.

2 CRITÉRIOS ADOTADOS

As intervenções realizadas no texto podem ser descritas como de cinco naturezas: macroestruturais, de diagramação, textuais, normativas e de atualização de caracteres gráficos. Algumas dessas alterações são indicadas por notas de final de parte; a maior parte delas não é sinalizada, caso a caso. Essa decisão teve a ver com a intenção de garantir a fluidez da leitura, e assim só sinalizamos em nota aquelas alterações que implicavam uma intervenção no texto que modificava o seu sentido, seja em relação à edição original seja no tocante à última edição: a substituição de itens lexicais, alterações na estrutura sintática, alterações na pontuação que afetassem o sentido, alteração da paragrafação não decorrente de rediagramação.

A opção pela nota ao final de cada uma das três partes se deveu ao fato de que o texto original já tem as suas notas, e a leitura poderia ficar sobrecarregada se outras fossem acrescentadas ao pé de página. Dessa forma, as notas de pé de página são notas do próprio Mattoso e estão assinaladas com numerais arábicos; as notas dos editores são indicadas por numerais romanos e estão inseridas no final de cada uma das partes em que o texto original está estruturado.

---

1. A primeira edição vai referida pelos seguintes termos: *primeira edição, o original, edição original, texto original*.

Vejamos com detalhe os critérios adotados segundo os tipos de alterações efetivadas.

2.1 Macroestruturais

Duas grandes alterações perceberá o leitor em relação a todas as edições do livro: a presença de uma seção dedicada à bibliografia e o acréscimo de títulos às seções.

A primeira edição – e todas as que se lhe seguiram – não continha uma seção reservada à bibliografia. Mattoso Camara faz no texto indicações bibliográficas com autor, ano e página, no caso de citações, mas não há a referenciação completa das fontes. Para sanar essa lacuna, procedeu-se a um levantamento da bibliografia completa, nem sempre de acesso fácil, o que possibilita que o leitor de hoje possa ter uma visão mais precisa das fontes a partir das quais Mattoso trabalhou, o que não era possível nas edições anteriores.

A segunda grande intervenção que fizemos foi o acréscimo de títulos às seções/capítulos do livro. Sua função primordial foi auxiliar na leitura, especialmente dos estudantes não muito afeitos ao texto mattosiano e a seu trabalho. Os títulos, como se sabe, funcionam como uma antecipação do discurso escrito e produzem a centralização temática, organizando assim a leitura em textos acadêmicos de complexidade maior. Uma vez que o livro é proposto como uma gramática da língua, a titulação oferece uma estruturação mais clara para o leitor iniciante.

Não alteramos, porém, a forma de numeração adotada por Mattoso Camara, que, como se sabe, não reflete a estrutura em capítulos, seções e subseções, visto que as menores unidades do texto recebem uma numeração contínua, que vai de 1 a 61. A razão para essa manutenção foi quase um capricho afetivo: na memória de muitas gerações, aquelas unidades designadas por números são formas de organização do conhecimento e se integram à cultura nacional da área da Linguística no Brasil.

2.2 Diagramação

A edição original e as que se lhe seguiram praticamente não contavam com recursos gráficos. Mesmo a geometria no quadro de vogais parece ter sido desenhada a máquina de escrever, usando espaço e linha como diagramação. Do mesmo modo, não há quadros de paradigmas, e os exemplos, mesmo sentenciais, estão inseridos, no mais das vezes, no corpo do texto.

Esta edição procurou uma distribuição do texto na página que pusesse em relevo paradigmas, exemplos e diagramas, a fim de propiciar mais fluidez à leitura. O texto, como qualquer leitor atento que fizer a comparação entre as edições poderá perceber, não é alterado nesses casos; em algumas ocasiões apenas acrescentamos o número dos exemplos, acompanhado, em alguns casos, de expressões locativas. Por exemplo, na seção 48 da última edição, lê-se:

> Já o indicativo não tem nenhuma dessas duas "assinalizações", embora possa possuir, pelo critério de Jakobson, um caráter subjetivo e uma subordinação sintática. Note-se um e outra no exemplo – "Suponho que é verdade"–, e a assinalização de um e outra em – "suponho que seja verdade".

Na presente edição, a disposição do texto ficou assim:

> Já o indicativo não tem nenhuma dessas duas "assinalizações", embora possa possuir, pelo critério de Jakobson, um caráter subjetivo e uma subordinação sintática. Note-se um e outra no exemplo (1a), e a assinalização de um e outra em (1b).
>
> (1) a.   *Suponho que é verdade.*
> (1) b.   *Suponho que seja verdade.*

Apenas os exemplos de itens lexicais, ou de certas sequências deles, se mantiveram no corpo do texto, especialmente nas seções dedicadas à Fonologia, por compreendermos que uma separação excessiva, nesses casos, provocaria o efeito oposto: suscitar uma fragmentação do ato da leitura que terminaria por comprometer a sua fluidez.

As alterações na diagramação que efetuamos não são assinaladas por nota, visto que não interferem no sentido do texto original, mas apenas organizam melhor o processo de leitura.

2.3 Alterações textuais

Entendemos por alterações textuais todas aquelas intervenções que, mesmo motivadas por erro tipográfico, implicam uma mudança na formulação sintática que pode redundar em alterações no sentido do texto. Foram motivadas pela necessidade de dar coerência sintática e semântica aos períodos, bem como para corrigir equívocos motivados pela impossibilidade de uma revisão mais alentada, quando da primeira edição. Tais alterações compreendem:

a. Troca de uma palavra por outra

Logo no início da seção 6 da edição original se lê:

> Isso não quer dizer que a gramática descritiva seja um bloco monopolítico.

É bastante evidente que o termo "monopolítico" não é adequado a esse contexto; por outro lado, a expressão "monoliticamente considerada" é usada no sexto parágrafo dessa mesma seção em referência à gramática normativa e, assim, esta edição optou por trocar a palavra em questão por "monolítico". O resultado final é:

> Isso não quer dizer que a gramática descritiva seja um bloco monolítico.

b. Inserção ou exclusão de alguma palavra ou expressão

A inserção ou exclusão de alguma palavra ou expressão se deu em função de claras falhas na revisão original, que redundaram em um texto que não corresponde ao pretendido pelo autor. Tomemos um exemplo. Na descrição da estrutura silábica em português (seção 24), temos, desde a primeira edição:

> Se chamarmos simbolicamente V o centro da sílaba e C um elemento marginal, teremos os tipos silábicos: V (sílaba simples), CV (sílaba complexa crescente), VC (sílaba complexa crescente-decrescente). Conforme a ausência ou a presença (isto é, V e CV, de um lado, e, de outro lado, VC e CVC), temos a sílaba aberta, ou melhor, livre, e a sílaba fechada, ou melhor, travada.

Claramente houve na edição original o equívoco de subtrair da explanação inicial o padrão CVC (que aparece em seguida), atribuindo-se ao padrão VC a descrição do padrão CVC. Num caso como este, fazer a intervenção visou apenas restabelecer o que foi alterado no processo de composição tipográfica da primeira edição e não alterado nas edições seguintes. Sendo assim, na presente edição, temos:

> Se chamarmos simbolicamente **V** o centro da sílaba e **C** um elemento marginal, teremos os tipos silábicos:
>
> **V** (sílaba simples),
>
> **CV** (sílaba complexa crescente),
>
> **VC** (sílaba complexa decrescente), e
>
> **CVC** (sílaba complexa crescente-decrescente).

c. Alteração na estrutura sintática

Na seção 15, lê-se no texto original:

> Ao contrário, na consoante, há a passagem da corrente de ar, seja uma oclusão, ou fechamento, seja uma constrição, ou aperto, seja uma oclusão parcial, que desvia a direção da corrente de ar, ou uma tremulação da língua que imprime uma vibração à corrente de ar.

Talvez por um erro tipográfico, o período resulta sem nexo sintático que vincule o sintagma *a passagem da corrente de ar* ao período. Com a alteração feita na presente edição, o mesmo trecho ficou assim redigido:

> Ao contrário, na consoante, há na passagem da corrente de ar, seja uma oclusão, ou fechamento, seja uma constrição, ou aperto, seja uma oclusão parcial, que desvia a direção da corrente de ar, ou uma tremulação da língua que imprime uma vibração à corrente de ar.

d. A correção de alguma informação histórica

Nesse caso, temos claramente equívocos que numa revisão mais atenta seriam evitados. São situações como a que se vê na seção 18 desde a edição original:

> Assim, Bilac rima *Argus* com *largos*, *Venus* com *serenos*, e um poeta paranaense, como Cruz e Souza, rima o lat. *clamavi* com *nave*, o it. *Bellini* com *define* (...).

que ficou assim redigida na presente edição:

> Assim, Bilac rima *Argus* com *largos*, *Vênus* com *serenos*, e um poeta <u>catarinense</u>, como Cruz e Souza, rima o lat. *clamavi* com *nave*, o it. *Bellini* com *define* (...).

Em casos de alterações como essas, uma nota de final de parte foi inserida.

2.4 Alterações de cunho normativo

Há no texto da primeira edição e também na última edição, aqui e ali, construções que constituem erro normativo, ocasionadas, obviamente, pelo processo de edição original e suas circunstâncias peculiares. Tais construções foram alteradas, sem indicação em nota. São casos como o que segue, da seção 32:

No original:

> ...e nenhuma das três consoantes se apresentam como mediais não-intervocálicas.

Nesta edição:

> ...e nenhuma das três consoantes se apresenta como medial não intervocálica.

2.5 Sinais de pontuação

A pontuação foi alterada sempre que se percebeu que interferia no fluxo de leitura ou no sentido pretendido, sem a indicação em nota. É o caso do que se tem na seção 19:

> Em face dessa propriedade fonêmica do "r" fraco, a sua presença entre ditongo e vogal, como em *Laura*, *eira*, *europeu* e assim por diante, nos força a interpretar a vogal assilábica, mesmo em termos fonêmicos, como vogal (alofone assilábico de uma vogal e, nunca, como uma consoante).

Na presente edição, os parênteses mudam de lugar:

> Em face dessa propriedade fonêmica do "r" fraco, a sua presença entre ditongo e vogal, como em *Laura*, *eira*, *europeu* e assim por diante, nos força a interpretar a vogal assilábica, mesmo em termos fonêmicos, como vogal (alofone assilábico de uma vogal) e, nunca, como uma consoante.

2.6 Alterações nos caracteres gráficos

É possível subdividir essas alterações em três tipos básicos: aquelas devidas à digitação (ou tipografia); aquelas decorrentes de atualização ortográfica e, no caso específico da obra em questão, aquelas devidas ao uso de aspas, negritos e itálicos; e finalmente aquelas relacionadas ao uso de símbolos que indicam entidades teóricas: fones, fonemas, grafemas etc.

2.6.1 Erros tipográficos

Em relação a erros tipográficos, tanto a primeira quanto a última edição os apresentavam. Em algumas situações, o que seriam erros tipográficos redundavam em problemas na construção do sentido. Nesses casos, como já dito antes, foram alterados e notificados ao leitor, seja se tivessem ocorrido na primeira edição, seja se estivessem na última edição. Um exemplo (no 4º parágrafo da seção 12) é a passagem seguinte, que em todas as edições contém a expressão *como o adendo*, que nesta edição foi alterada para *com o adendo*:

> Essa definição, dada em 1932, coincide em seu sentido geral com outra de Leonard Bloomfield, formulada um ano mais tarde: "traços distintivos que ocorrem em conjunto ou feixe", com o adendo: "O falante se exercitou em fazer os movimentos (...)".

2.6.2 Erros decorrentes de atualização ortográfica

Quanto ao sistema ortográfico vigente, a última edição já apresentava a atualização ortográfica. Sendo assim, a versão que prevaleceu foi a da última edição. No entanto, há casos discutidos em nota em que restituímos o texto à sua forma original, por razões teóricas.

2.6.3 Uso de aspas, negritos e itálicos

Na edição original, o uso de itálicos é constante e consistente para assinalar exemplos. Já as aspas são usadas com mais de uma função nesse texto:

a) para citações;

b) para a primeira ocorrência de um conceito, ou de uma área de especialidade, de modo a destacá-los, como neste excerto do penúltimo parágrafo da seção 2:

> Por isso, ainda nos princípios do século XIX, o filósofo alemão Wilhelm von Humboldt, cuja voz então ficou isolada, via implicitamente uma gramática descritiva compreendendo a análise da "forma externa" de uma língua (seus sons vocais, suas desinências e assim por diante) e a análise da sua "forma interna", isto é, do seu mundo de significações.

c) para menções, uso que se confunde um pouco com o anterior, mas pode ser entendido como um conceito de um determinado campo que Mattoso Camara não adota.

Negritos ou sublinhados não constam do texto original. Uma vez que especialmente o uso das aspas é tal que o leitor se vê frente a mais de uma possibilidade de leitura, a presente edição, mantendo os itálicos e as aspas, introduziu o uso de negritos, procurando seguir os critérios abaixo:

1) exemplos:

• se, no corpo do texto, mantiveram-se como no original, em itálico;

• se deslocados para tabelas ou destacados e numerados: sem grifos de qualquer espécie.

2) citações:

• com até três linhas – aspas, sem destacar do texto;

• com mais de três linhas – tipo menor, sem aspas, sem itálico, com adentramento do parágrafo;

• comentários de Mattoso Camara no interior de citações foram postos entre colchetes, como é usual atualmente, sem a interrupção das aspas.

3) para a primeira ocorrência de um conceito incorporado por Mattoso usou-se o negrito.

4) para as menções descritas anteriormente, foram mantidas as aspas que Mattoso Camara usou, incluindo os casos em que a leitura revelasse

um certo distanciamento discursivo, ou seja, aqueles conceitos de outrem não assumidos pelo autor.

5) para conceitos de uso geral no "senso comum" da área foram mantidas as aspas que ocorriam no texto original. Esse é o caso de, por exemplo, a norma "culta".

2.6.4 Sinais usados na indicação de entidades teóricas

2.6.4.1 Grafemas

No texto original, os grafemas eram indicados apenas com itálico, isto é, funcionavam como menção a entidades linguísticas. Na presente edição foram usados os parênteses angulares ou diples. Assim, se no texto original se lia, por exemplo, no terceiro parágrafo da seção 18:

> Aí, a grafia com *o* ou com *u* é uma mera convenção da língua escrita, pois o que se tem, na realidade, é /u/...

na presente edição se lê:

> Aí, a grafia com <o> ou com <u> é uma mera convenção da língua escrita, pois o que se tem, na realidade, é /u/...

2.6.4.2 Morfemas

No texto original, os morfemas eram indicados por um hífen antecedendo-os, e a transcrição toda ficava em itálico. Decidimos na presente edição manter o mesmo modo de indicação.

2.6.4.3 Glosas de sentido

No texto original, as glosas de sentido eram, em geral, indicadas por aspas, muitas vezes entre parênteses, ao lado do item lexical glosado. Na presente edição, decidimos indicar as glosas de sentido com aspas simples, colocadas entre parênteses quando sucedem ao item lexical glosado.

É o que se pode ver no penúltimo parágrafo da seção 11, que no texto original aparece como:

> Assim se distinguem graficamente *cheque* "título bancário" e *xeque* "ameaça ao Rei no jogo de xadrez".

mas na presente edição tem a forma:

> Assim se distinguem graficamente *cheque* ('título bancário') e *xeque* ('ameaça ao rei no jogo de xadrez').

2.6.4.4 Fones e fonemas

Os símbolos fonéticos foram atualizados, segundo o alfabeto fonético internacional. Assim, as transcrições de fonemas e fones, que na edição original faziam amplo uso de diacríticos, foram alteradas, como segue:

è > ɛ   portela: /portè'la/ > /por'tɛla/

ò > ɔ   sólida: /sò'lida/ > /'sɔlida/

ô > o   folhas: /fô'l,as/ > /'foʎas/

ê > e   que: /kê/ > /ke/

n, > ɲ   apanhe: /apa'n,i/ > /a'paɲi/

l, > ʎ   folhas: /fô'l,as/ > /'foʎas/

l$_1$ > ɫ   sal: [sal$_1$] > [saɫ]

s' > ʃ   acho: /a's'u/ > /'aʃu/

z' > ʒ   hoje: /oz'i/ > /'oʒi/

r' > ɾ   era: /è'r'a/ > /'ɛɾa/

ñ > ŋ   realização do arquifonema nasal como em *sangue*

´ > '   /tè'pidu/ > /'tɛpidu/

â > ə   o que no texto aparece descrito como [e] neutro em Portugal: *jure*

ou

â > ɐ   como em *casa* ou em *cantamos* (aqui, levemente nasalado)

Dois casos de transcrições necessitam de uma reflexão mais detalhada, que submetemos ao leitor nas subseções que seguem: a dos ditongos e a de certas variantes de pronúncia.

2.6.4.4.1 Os ditongos

Na tradição dos estudos fonéticos e fonológicos no Brasil, os ditongos costumam receber mais de uma transcrição, segundo critérios que envolvem especialmente o estatuto dos ditongos.

Mattoso Camara, nesta obra, propõe, ao contrário de trabalho anterior, que o elemento marginal do ditongo tenha o estatuto de vogal (cf. seção 25) e, para representar esse estatuto no plano fonológico, propõe o uso dos sinais vocálicos *i* e *u* em sobrescrito (por exemplo: /a^i/ para *pai*, /a^u/ para *pau*). Com essa transcrição, o autor captura tanto a natureza vocálica do segundo elemento do ditongo quanto o estatuto fonológico que os ditongos decrescentes têm em português (ou seja, se opõem a formas vocálicas não ditongadas e são – necessariamente – ditongos). Obviamente mantivemos essa proposta para a transcrição fonológica dos ditongos; do contrário, a argumentação resultaria sem sentido para o leitor, além de ser uma maneira elegante de lidar com o estatuto dos ditongos, numa época em que a Fonologia não operava com níveis intermediários de análise claros.

Para a transcrição fonética dos ditongos, um problema se interpôs: a transcrição com os símbolos vocálicos em sobrescrito não é usual atualmente; por outro lado, Mattoso Camara, em alguns momentos, remete explicitamente à realização fonética de um ditongo, como na seção 27:

> Fonemicamente, não existe um ditongo nasal [ẽ^i], citado frequentemente nas nossas gramáticas modernas, que querem exibir apuro fonético fora de propósito, diante de vocábulos como *bem*.

Nesses casos, optamos pela transcrição fonética usando os símbolos *j* e *w*, em sobrescrito.

2.6.4.4.2 Transcrições fonéticas e transcrições fonêmicas[2]

As transcrições que faz Mattoso Camara usam, em sua grande maioria, as barras. O que chama a atenção é que há inúmeros casos em que ele menciona possibilidades de pronúncia e utiliza, mesmo assim, as barras para transcrevê-las, sem descer a detalhes fonéticos. É o que se pode ver em passagens como:

> É uma situação semelhante que se repete com /e/ e /o/ pretônicos em hiato com um /a'/ tônico, como nos infinitivos *voar*, *passear* etc. O /i/ tende a substituir o /e/; e o /u/, o /o/, dando as pronúncias /vuar/, /pasiar/ etc. Em outros termos, as vogais altas debordam num e noutro caso as vogais médias correspondentes. É esse "debordamento" que Viggo Bröndal chama "cumulação", uma variação, ou melhor, flutuação dentro do sistema, que atrofia ou hipertrofia elementos dele (BRÖNDAL, 1943: 20s.).

Uma leitura apressada poderia levar a pensar que deveríamos utilizar colchetes, para aqueles casos em que o autor se refere especificamente a variantes de pronúncia. Se esse critério fosse adotado, seria necessário transcrever foneticamente vários exemplos, com um grau de detalhamento obviamente maior do que na edição original.

Examinando mais detidamente os casos, percebemos que Mattoso se utiliza das transcrições fonológicas com extrema coerência. No caso acima e em outros, estamos diante ou de fenômenos a que ele atribui o estatuto de neutralização, seguindo a tradição europeia, ou de debordamento, seguindo a tradição da fonêmica americana, fazendo inclusive a distinção entre um e outro estatuto em pelo menos um caso específico: a variação entre vogais altas e médias em posição pretônica, mencionada na referida citação (cf. seção 18). Assim, em ambos os casos, as variantes de pronúncia são realizações que valem por fonemas na língua, daí o uso das transcrições em barras.

A distinção entre alofonia de um mesmo fonema e debordamento ou neutralização, capturada pelo modo como se faz a transcrição, se percebe

---

2. Agradecemos a M. Bernadete Marques Abaurre pelas contribuições no exame dessa questão. Os eventuais equívocos, obviamente, são de nossa responsabilidade.

claramente quando o autor trata do fonema nasal em final de sílaba. Veja o leitor como o uso de barras e colchetes transcreve com precisão um e outro caso:

> Trata-se, como para /S/, de um arquifonema /N/, que se realiza como /m/ diante de consoante labial na sílaba seguinte, como /n/ diante de consoante anterior nas mesmas condições e como um alofone [ñ] posterior diante de vogal posterior: *campo*, *lenda*, *sangue* (edição original, seção 27).

O processo de assimilação de ponto redunda em três consoantes diferentes. Duas delas Mattoso Camara transcreve com barras: /m/ e /n/, mas o outro alofone, com colchetes. Se o faz, é porque se entende que nos dois primeiros casos as consoantes em questão já têm o estatuto de fonema em português, o que não é o caso do terceiro alofone. Percebe-se assim a coerência estrita do autor.

Esse foi, assim, o critério que adotamos: mantivemos como transcrições fonológicas todas aquelas em que as variantes de pronúncia constituíam casos de neutralização ou debordamento e adotamos, juntamente com o autor, a transcrição fonética naquelas situações em que o caso era outro: alofonia sem neutralização ou debordamento.

3 PALAVRAS FINAIS

Esperamos que a edição que ora entregamos contribua para a disseminação do pensamento de Mattoso Camara, especialmente entre as novas gerações. Não foi outro o desejo que nos moveu: que o trabalho de Mattoso Camara permaneça como fonte de inspiração para todos aqueles que se debruçam sobre as questões que envolvem o estudo da Língua Portuguesa. Os equívocos que houver terão sido cometidos sob o impulso desse desejo maior.

Os editores

PARTE INTRODUTÓRIA
Considerações gerais

Gramática e seu conceito

1 AS GRAMÁTICAS E SEUS PRINCÍPIOS

A gramática descritiva ou **sincrônica** é o estudo do mecanismo pelo qual uma dada língua funciona, num dado momento (gr. *syn*, 'reunião'; *chrónos*, 'tempo'), como meio de comunicação entre os seus falantes, e a análise da estrutura, ou configuração formal, que nesse momento a caracteriza.

Quando se emprega a expressão gramática descritiva, ou sincrônica, sem outro qualificativo a mais, se entende tal estudo e análise como referente ao momento atual, ou presente, em que é feita a gramática.

Já tinha em princípio esse objetivo a gramática tradicional, elaborada a partir da Antiguidade Clássica para a língua grega e em seguida a latina. Em português, desde Fernão de Oliveira e João de Barros no século XVI, vêm se multiplicando as gramáticas, pautadas pelo modelo greco-latino, intituladas quer descritivas quer expositivas. Ora, mais propriamente normativas, se limitam a apresentar uma norma de comportamento linguístico, de acordo com a sempre repetida definição – "arte de falar e escrever corretamente". Ora, mais ambiciosas e melhor orientadas, procuram ascender a um plano que bem se pode chamar científico em seus propósitos, pois procuram explicar a organização e o funcionamento das formas linguísticas com objetividade e espírito de análise.

Tiveram este último propósito as chamadas "gramáticas filosóficas", como em português a de Jerônimo Soares Barbosa no século XVIII. Embora tenha havido recentemente, com a escola norte-americana de Noam Chomsky, certo empenho em valorizar essas "gramáticas filosóficas" (CHOMSKY, 1966), deve se reconhecer que a crítica que a elas se fez, desde os princípios do século XIX até meados do século XX, era em essência procedente. O fundamento para a ciência da gramática, por elas entendida, era a disciplina filosófica da Lógica, como a delineara Aristóteles na Grécia Antiga e depois Descartes no século XVII. A gramática foi entendida como ancilar do estudo filosófico que trata das leis do raciocínio. A justificativa estava no pressuposto de que a língua, em sua organização e funcionamento, reflete fielmente essas leis.

Havia aí, antes de tudo, um círculo vicioso. A língua servia para ilustrar a lógica, e a lógica para desenvolver a gramática. Depois, a Lógica aristotélica e ainda a cartesiana, mesmo quando remodelada já nos meados do século XIX pelo filósofo inglês John Stuart Mill, está longe de satisfazer aos requisitos de uma análise rigorosa e precisa das leis do raciocínio. Tanto que a Filosofia do século XX procurou recriar a disciplina em linhas matemáticas, sob o título de "Lógica Simbólica", num afã em que se destacou especialmente o filósofo inglês Bertrand Russel. Finalmente, a base lógica que se pode depreender na organização e nos processos comunicativos das línguas é uma compreensão intuitiva das coisas permeada por toda a vivência humana. Em vez de refletirem um exame objetivo e despersonalizado das coisas, as línguas refletem a maneira de as ver por parte de homens que se acham nelas interessados e até integrados.

Nem a Lógica aristotélica, nem a Lógica Simbólica podem fazer justiça, por isso, à organização íntima de uma língua humana.

A partir do século XIX outro caminho se esboçou. A tendência foi colocar o estudo da gramática sob a égide da Psicologia. A nova atitude se apoiava na filosofia romântica, que salientava os aspectos psicológicos, ou mesmo antilógicos, que as línguas revelam, como se via aparecer em todo o procedimento humano. Insistia-se na carga de emoção e fantasia, que atua nesse procedimento e também na comunicação linguística.

A Linguística, que se firmara e desenvolvera no século XIX como ciência autônoma, restringindo-se à comparação das línguas umas com as outras para poder depreender entre elas origens comuns (**Gramática Histórico--Comparativa**) e em seguida como história das suas mudanças através dos tempos (**Gramática Histórica**), não se preocupou diretamente com a descrição linguística. Mas indiretamente favoreceu a orientação psicológica. Assim, Hermann Paul (1846-1921), o grande teórico alemão da Linguística do seu tempo, que ele queria exclusivamente histórica, deu, não obstante, uma achega para um tratamento descritivo psicológico, como já observou com razão Friedrich Kainz (KAINZ, 1941: 9).

2 A GRAMÁTICA DESCRITIVA

O interesse pelo estudo descritivo, na Linguística, firmou-se nos princípios do século XX. Em 1908, o linguista alemão Anton Marty já afirmava que, no estudo das línguas, "ao lado das leis históricas há leis descritivas" (MARTY, 1950: 19). De maneira mais cabal, sistemática e profunda, o linguista franco-suíço Ferdinand de Saussure, nos seus cursos na Universidade de Genebra, de 1908 e 1911, compendiados postumamente em 1916 por dois de seus maiores discípulos (SAUSSURE, 1922: 117), dividiu a Linguística em **diacrônica** (através do tempo, ou seja, histórica) e sincrônica, denominação que já aqui se comentou. Por "linguística sincrônica" ele entende a gramática descritiva, cientificamente conduzida, isto é, de maneira sistemática, objetiva e coerente.

O propósito fundamental de Saussure era ver essa gramática como disciplina "autônoma" (SAUSSURE, 1922: 25), independente das disciplinas filosóficas da Lógica e da Psicologia, como de quaisquer outras ciências. Foi o que o seu discípulo indireto, o linguista dinamarquês Louis Hjelmslev, colocou em termos muito claros, alguns anos depois. Para Hjelmslev, é preciso:

> ...distinguir nitidamente o âmbito da Linguística [entenda-se sincrônica] que estuda a atividade pela qual se comunica um conteúdo de consciência de um

indivíduo a outro, e a Psicologia, que, como a Lógica, se ocupa em examinar o próprio conteúdo da consciência humana (HJELMSLEV, 1928: 24).

Paralelamente com essa nova orientação europeia, se desenvolveu nos Estados Unidos da América o princípio e a técnica de uma gramática descritiva. Primeiro, com o antropólogo Franz Boas, auxiliado por uma brilhante equipe, na qual preponderou a figura de Edward Sapir (1884-1939), houve o propósito de estabelecer as gramáticas descritivas das línguas indígenas norte-americanas, ainda existentes, e em seguida com o mesmo Sapir e especialmente com Leonard Bloomfield (1887-1949) a nova escola também se orientou para uma linguística descritiva em sentido lato, procurando remodelar as gramáticas descritivas das línguas de civilização europeia. Um grande grupo de discípulos diretos e indiretos de Bloomfield elaborou técnicas descritivas cada vez mais objetivas e rigorosas.

A tendência da escola de Bloomfield, que a distingue das escolas descritivas europeias derivadas de Saussure, foi pôr de lado o valor significativo das formas linguísticas. O motivo, muitas vezes implícito, dessa tendência foi o medo de se entrar através do estudo das significações, novamente, na Lógica e na Psicologia.

Como, entretanto, a língua existe essencialmente como meio de comunicação entre os homens e as significações linguísticas estão evidentemente na base de tal comunicação, a gramática descritiva era assim levada a um verdadeiro beco sem saída. Daí, nos próprios Estados Unidos da América, uma reação recente contra o trabalho de Bloomfield e seus discípulos. Essa reação que partiu, principalmente lá, de Noam Chomsky, já aqui citado, foi muitas vezes desnecessariamente agressiva e não poucas vezes injusta.

Na realidade, Sapir, explicitamente, e, implicitamente, Saussure já tinham respondido com acerto a essa dificuldade. As línguas, como já frisamos, repousam numa lógica imanente e numa psicologia coletiva intuitiva, que a Lógica, em qualquer de seus aspectos (de Aristóteles, de Descartes, de Stuart Mill e simbólica), e a Psicologia clássica não tinham considerado. Para Sapir, até, o estudo descritivo de uma língua e do seu mundo de significações é a melhor maneira de penetrar nessa lógica e nessa psicologia, que escapam ao estudo filosófico tradicional (SAPIR, 1969: 32, 152). Por isso, ainda nos princípios do século XIX, o filósofo alemão Wilhelm von Humboldt, cuja voz então ficou isolada, via implicitamente uma gramática descritiva compreendendo a análise da "forma externa" de uma língua (seus sons vocais, suas desinências e assim por diante) e a análise da sua "forma interna", isto é, do seu mundo de significações.

Chegamos assim a uma conclusão preliminar sobre o que se deve entender por uma gramática descritiva, de cunho rigoroso, sistemático e coerente.

3 AS IMPLICAÇÕES DIACRÔNICAS

Resta o problema de saber se tal gramática é possível sem levar em conta as considerações de ordem histórica. Ou, em outros termos, se o estudo sincrônico é possível sem um paralelo estudo diacrônico que lhe sirva de apoio.

Foi a convicção dessa possibilidade, ou antes, dessa necessidade que constituiu uma das grandes contribuições de Saussure nos seus cursos, acima aludidos, na Universidade de Genebra, nos princípios do século XX.

Entretanto, algumas correntes linguísticas contemporâneas, especialmente europeias, ainda rejeitam esse ponto de vista.

É, não obstante, o ponto de vista teoricamente certo. Antes de tudo, há a circunstância de que os falantes de uma língua nada sabem espontaneamente da história dela e a manejam apesar de tudo de maneira plenamente eficiente. Depois, há a observação de que muitas vezes o conhecimento histórico, aplicado à análise sincrônica, a torna absurda. Por exemplo, port. *comer* vem do lat. *comedere*, em que *com-* era um prefixo com a ideia de 'reunião'; mas é claro que *com-* no verbo português é a raiz e distingue esse verbo de *beber* ('deglutir um alimento sólido' *versus* 'ingerir um alimento líquido'); da mesma sorte, *mim* corresponde ao lat. *mihi*, que era um dativo (forma em função de objeto indireto); mas *mim* em português se emprega não por isso (que ele em regra não é), mas por ser regido de preposição (em função que em latim corresponderia a *me* no ablativo e às vezes no acusativo). Finalmente, na análise histórica partimos sempre de uma análise sincrônica, tomada como ponto de partida (lat. *comedere*, por exemplo, sem cogitar de formas anteriores indo-europeias que historicamente a explicariam). É sincronicamente que consideramos *comedere = com + ed + ere*.

Este ponto será desenvolvido em todo o correr do presente livro, que quer ser uma gramática descritiva, sem implicações diacrônicas.

4 A LINGUÍSTICA, A GRAMÁTICA NORMATIVA E O ENSINO

Uma consideração final para terminar essa introdução.

Vimos que a gramática greco-latina era normativa e se podia definir como "a arte de falar e escrever corretamente".

Será que essa gramática deve ser abandonada, como sustentam alguns linguistas, especialmente norte-americanos? Um deles, por exemplo, intitulou um seu livro de divulgação linguística *Deixe a sua língua em paz* (*Leave your language alone!*) (HALL, 1950).

A resposta que parece certa é que há em tal atitude uma confusão entre duas disciplinas correlatas, mas independentes.

A gramática descritiva, tal como a vimos encarando, faz parte da Linguística pura. Ora, como toda ciência pura e desinteressada, a Linguística tem a seu lado uma disciplina normativa, que faz parte do que podemos chamar a linguística aplicada a um fim de comportamento social. Há assim, por exemplo, os preceitos práticos da higiene, que é independente da Biologia. Ao lado da Sociologia, há o Direito, que prescreve regras de conduta nas relações entre os membros de uma sociedade.

A língua tem de ser ensinada na escola, e, como anota o linguista francês Ernest Tonnelat, o ensino escolar "tem de assentar necessariamente numa regulamentação imperativa" (TONNELAT, 1927: 167).

Assim, a gramática normativa tem o seu lugar e não se anula diante da gramática descritiva. Mas é um lugar à parte, imposto por injunções de ordem prática dentro da sociedade. É um erro profundamente perturbador misturar as duas disciplinas e, pior ainda, fazer linguística sincrônica com preocupações normativas.

Há a esse respeito algumas considerações, que se fazem aqui necessárias. Antes de tudo, a gramática normativa depende da linguística sincrônica, ou gramática descritiva em suma, para não ser caprichosa e contraproducente. Regras de direito que não assentam na realidade social, depreendida pelo estudo sociológico puro, caem no vazio e são ou inoperantes ou negativas até. Só é altamente nociva uma higiene que não assenta em verdades biológicas. Não se compreende uma situação inversa. Depois, mesmo quando convém a correção de um procedimento linguístico (porque marca desfavoravelmente o indivíduo do ponto de vista da sua posição social, ou porque prejudica a clareza e a eficiência da sua capacidade de comunicação, ou porque cria um cisma perturbador num uso mais geral adotado), é preciso saber a causa profunda desse procedimento, para poder combatê-lo na gramática normativa. Finalmente, a norma não pode ser uniforme e rígida. Ela é elástica e contingente, de acordo com cada situação social específica. O professor não fala em casa como na aula e muito menos numa conferência. O deputado não fala na rua, ao se encontrar com um amigo, como falaria numa sessão da Câmara. E assim por diante.

Quando o linguista sincrônico se insurge contra o gramático normativo ou o professor de língua, é em regra porque este e aquele declaradamente desobedecem a esses três preceitos. Impõem as suas regras praxistas como sendo Linguística. Corrigem às cegas, sem tocar no ponto nevrálgico do procedimento linguístico que querem corrigir e com isso só criam confusão e distúrbio. Partem do princípio insustentável de que a norma tem de ser sempre a mesma, e fixam um padrão social altamente formalizado como sendo o que convém sempre dizer.

O remédio é o professor de língua e os homens em geral aprenderem os princípios gerais da Linguística. Para isso, a melhor solução parece ser fornecer-lhes uma gramática descritiva desinteressada de preocupações normativas.

Há apenas uma observação final a fazer. Se a língua é variável no espaço e na hierarquia social, ou ainda num mesmo indivíduo conforme a situação social em que se acha, a gramática descritiva pode escolher o seu campo de observação. Se ela tem em vista, indiretamente, o ensino escolar, como é o objetivo implícito do presente livro, a escolha está de certo modo predeterminada. A descrição não tomará por base, evidentemente, uma modalidade popular ou remotamente regional. Muito menos vai assentar num uso elaborado e sofisticado, como é, por exemplo, a língua da literatura. Partirá do uso falado e escrito considerado "culto", ou melhor dito, adequado às condições "formais" de intercâmbio linguístico no sentido inglês do adjetivo.

Variabilidade e invariabilidade na língua

5 A VARIAÇÃO LINGUÍSTICA E A GRAMÁTICA DESCRITIVA

Um dos percalços mais sérios com que se tem defrontado a gramática descritiva, desde a Antiguidade Clássica, é o fato da enorme variabilidade da língua no seu uso num momento dado. Ela varia no espaço, criando no seu território o conceito dos dialetos regionais. Também varia na hierarquia social, estabelecendo o que hoje se chama os dialetos sociais (MARTI-NET, 1954: 1s.). Varia ainda, para um mesmo indivíduo, conforme a situação em que se acha, como já vimos no capítulo precedente, estabelecendo o que um grupo moderno de linguistas ingleses denomina os "registros" (HALLIDAY, 1965: 87). Finalmente, uma exploração estética da linguagem, para o objetivo de maior expressividade, faz surgir o que se classifica como o "estilo", desde a Antiguidade Clássica.

Por isso, os teoristas da linguagem, gregos e romanos, dividiram-se muito cedo nas duas correntes opostas dos "anomalistas" e dos "analogistas", claramente apreciados por Antonino Pagliaro, modernamente, na Linguística italiana (PAGLIARO, 1930: 20). Aqueles negavam, em última análise, a possibilidade de estabelecer regras gerais no uso linguístico. Estes defendiam a possibilidade e a necessidade dessas regras, partindo do pressuposto de que o princípio filosófico da "analogia" domina em geral o uso linguístico, só dando margem a um número pequeno de "exceções". Estas foram sempre o grande embaraço da regulamentação gramatical. Modernamente elas foram enfrentadas, e praticamente neutralizadas, pela técnica descritiva dos métodos estruturalistas, como veremos no capítulo seguinte.

De qualquer maneira, a invariabilidade profunda, em meio de variabilidades superficiais, é inegável nas línguas. Nos termos do grande linguista contemporâneo Roman Jakobson, "o princípio das invariantes nas variações" (JAKOBSON, 1967: 185) é a chave de toda descrição linguística. É ele que cria o conceito de "padrão" (ing. *pattern*), cuja depreensão[i] numa língua dada é o objetivo central da gramática descritiva de tal língua. Por isso nos diz Sapir, referindo-se não só à linguagem, mas ainda a toda a gama de procedimentos humanos:

> É tal a nossa preocupação com nós próprios como indivíduos e com os outros na medida em que diferem de nós, por menos que seja, que estamos sempre prontos a anotar as variações de um padrão nuclear de comportamento. Para quem está acostumado ao padrão, variações dessas se apresentam como tão ligeiras que praticamente passam despercebidas. Para nós, como indivíduos, elas são, não obstante, da máxima importância; e a tal ponto que chegamos a esquecer de que há um amplo padrão social de que elas são variações. Estamos constantemente sob a impressão de que somos originais e até aberrantes, quando na realidade estamos apenas repetindo um padrão social com o mais ligeiro toque de originalidade (SAPIR, 1969: 65).

Mesmo a decantada excentricidade de certos escritores, em face da língua materna do seu tempo, não passa de um exagero retórico. Como já observou o linguista ítalo-romeno[ii] Eugênio Coseriu, o escritor inova em regra no uso linguístico do seu tempo, na norma mais ou menos conscientemente estabelecida, mas fica fiel ao sistema, ou seja, ao padrão que rege a língua em profundidade (COSERIU, 1948: 3).

Ora, a gramática descritiva, ou sincrônica, tem por fim, em última análise, depreender e expor esse sistema, ou estrutura, como estabeleceu de início Saussure.

6 A REGULARIDADE E A IRREGULARIDADE

Isso não quer dizer que a gramática descritiva seja um bloco monolítico[iii]. Há sempre exceções e elas têm de ser levadas em conta. Em toda a gramática, ao lado da "regularidade", há as "irregularidades".

Mas, antes de tudo, como já aqui ressaltamos, elas são fatos de superfície. Em profundidade elas obedecem a padrões particulares, que se coordenam com o padrão, ou regra geral, dito "regularidade".

Depois é preciso não esquecer que, como já vimos, a língua em sentido lato se subdivide em dialetos regionais, dialetos sociais e registros. Em cada um deles há uma gramática descritiva específica. Por isso, aqui focalizamos de início o nosso objetivo. Descrever a língua portuguesa, no Brasil, tal como é usada pelas classes ditas "cultas" num registro formal, isto é, adequado às situações sociais mais importantes.

Como tal, ela visa a servir de ponto de partida para a gramática normativa no ensino escolar.

Com outros objetivos, pode se fazer[iv] a descrição de um dialeto regional, de um dialeto social, a língua popular, digamos, como para o francês fez o linguista franco-suíço Henri Frei, discípulo indireto de Saussure, na sua *Gramática dos erros* (FREI, 1929). Ou podemos fazer uma gramática descritiva, total ou parcial, de um registro de linguagem familiar, como foi o propósito da linguista brasileira Eunice Pontes ao descrever o verbo na língua coloquial carioca (PONTES, 1969).

A gramática normativa tradicional, misturando alhos com bugalhos, trata muitas vezes como "irregularidades" da língua monoliticamente considerada o que são na realidade "regras" para a gramática descritiva de uma dessas línguas particulares.

Uma atitude oposta, e igualmente criticável, é a de linguistas que procuram fugir à dificuldade focalizando restritamente o que chamam o "idioleto". Este termo, criado pelos norte-americanos, se refere à língua de um único indivíduo. Estudando-o, unicamente, deixam de lado as discrepâncias, dentro de um dialeto regional ou de um dialeto social, de cada indivíduo (determinadas quase sempre pelas mudanças de registro ou por intenções estilísticas). Tal foi o ponto de vista ainda recentemente defendido pelo linguista norte-americano Robert Hall: "A unidade supraindividual absolutamente não existe (...) e por conseguinte não existe nenhum fenômeno coletivo" (HALL, 1968: 521). O contrário é que tudo indica ser a verdade, como logo viu argutamente Saussure. É com toda a razão que Roman Jakobson afirma:

> Em matéria de língua não há propriedade privada; tudo está socializado. O intercâmbio verbal, como toda sorte de intercurso, requer pelo menos dois comunicantes, e o **idioleto** vem a ser de certo modo uma ficção pervertida (JAKOBSON, 1953: 15).

7 A FALA E A ESCRITA

Uma diversidade, muito sutil e falaz, é a que existe entre a fala e a escrita. É a escrita que as gramáticas normativas escolares focalizam explícita ou implicitamente. O estudante já vem para a escola falando satisfatoriamente, embora seja em regra deficiente no registro formal do uso culto; o que ele domina plenamente é a linguagem familiar, na maioria dos casos. Como quer que seja, a técnica da língua escrita ele tem de aprender na escola. Os professores partem da ilusão de que, ensinando-a, estão ao mesmo tempo ensinando uma fala satisfatória. Daí a definição da gramática normativa que lembramos aqui de início: "A arte de escrever e falar corretamente".

Há com isso uma tremenda ilusão. A língua escrita se manifesta em condições muito diversas da língua oral. Por isso, tantos estudantes psiquicamente normais, que falam bem, e até com exuberância e eloquência, no intercâmbio de todos os dias, são desoladores quando se lhes põe um lápis ou uma caneta na mão. A fala se desdobra numa situação concreta, sob o estímulo de um falante ou vários falantes outros, bem individualizados. Uma e outra coisa desaparecem da língua escrita. Já aí se tem uma primeira e profunda diferença entre os dois tipos de comunicação linguística.

Depois, a escrita não reproduz fielmente a fala, como sugere a metáfora tantas vezes repetida de que "ela é a roupagem da língua oral". Ela tem as suas leis próprias e tem um caminho próprio. Por isso, muitos linguistas relegam a língua escrita para fora de suas cogitações, como observa, em tom de crítica, o linguista norte-americano H.A. Gleason, argumentando que "uma língua escrita é evidentemente um objeto válido e importante de investigação linguística" (GLEASON, 1961: 10). Não fica menos verdade por isso (antes, pelo contrário) que há uma diferença fundamental entre esses dois tipos de linguagem.

É justo que a gramática normativa dê grande atenção à língua escrita. É ela que a escola tem de ensinar em primeira mão. Acresce o primado da língua escrita nas sociedades do tipo do nosso, dito "civilizado". Aí, do ponto de vista sociológico, a língua escrita se sobrepõe inelutavelmente à língua oral, pois rege toda a vida geral e superior do país. Mesmo o rádio e a televisão, que à primeira vista se podem afigurar espécies novas da língua falada, são em última análise modalidades da língua escrita. O locutor lê para os ouvintes indiscriminados, ou os telespectadores, o que escreveu, ou foi escrito para ele, previamente. Quando não empunha um papel, é que decorou o que fora preparado na escrita. E, em qualquer dos casos, faltam as duas condições que já vimos ser inerentes do intercâmbio oral: uma situação concreta una e um ou mais ouvintes, bem determinados e individualizados. Até a poesia, que assenta nos sons vocais e no ritmo, essenciais na língua falada, é entre nós uma atividade principalmente escrita. Só a leitura recria o valor oral de uns e de outro. Dá-se assim uma inversão, em termos sociais, da verdade puramente linguística de que a escrita decorre da fala e é secundária em referência a esta.

Não obstante essa contingência de ordem social, subsiste o fato linguístico de que a língua escrita é uma transposição para outra substância de uma língua primordialmente criada com a substância dos sons vocais. Só se pode compreendê-la e ensiná-la na base dessa transposição. "Só depois de dominar a fala é que se pode aprender a ler e escrever", adverte incisivamente Jakobson (JAKOBSON, 1967: 113)[v].

Essa verdade teve uma prova indireta na aculturação de populações indígenas ágrafas, isto é, sem língua escrita. Um grupo de linguistas no México, no chamado "Plano Tarrasco", verificou que a melhor maneira de alfabetizar os índios dessas tribos era reduzir o Tarrasco à língua escrita e ensinar os índios a ler e a escrever em sua língua materna. A alfabetização direta pelo espanhol (que era malconhecido por eles) fracassava lamentavelmente. Os linguistas do Instituto Linguístico de Verão, com sede nos Estados Unidos da América, mediante entendimento com o nosso Serviço de Proteção aos Índios, organizaram por sua vez cartilhas de várias línguas indígenas brasileiras e obtiveram uma alfabetização de ótimo resultado.

Isso nos impõe a tarefa de fazer a descrição (mesmo tendo em vista um fim escolar) em função da língua oral. Ora, paradoxalmente, nem em relação à **fonética**, ou estudos dos sons vocais, isto se dá de maneira coerente em nossas gramáticas.

III

A técnica da descrição linguística

8 O MÉTODO ESTRUTURALISTA

A descrição linguística assenta necessariamente numa análise, ou decomposição[vi], do que é enunciado ou escrito. Para fazer tal análise os gramáticos gregos e romanos partiam da unidade do vocábulo. Por isso, o linguista inglês R.H. Robins define a gramática greco-latina como sendo "baseada no vocábulo" (*a word based grammar*) (ROBINS, 1967: 25). Contemporaneamente, o linguista norte-americano Noam Chomsky prefere partir dedutivamente da **sentença**, isto é, de um enunciado que se basta a si mesmo para fim de comunicação, e decompô-la em grupos de vocábulos (ing. *phrases*) e vocábulos.

Não há dúvida que o vocábulo é em regra, nas línguas do mundo, uma realidade linguística, quer do ponto de vista do efeito vocal (fonológico), quer das características de forma (morfológicas), quer da significação que transmite (semântica). Isso tem sido negado por alguns linguistas, mas sem maior procedência, como procurei mostrar alhures (CAMARA, 1967: 87). Mais tarde, teremos a oportunidade de ver que há inegavelmente o vocábulo em português.

Entretanto, para partir indutivamente do mínimo para o máximo, o vocábulo não é o termo inicial que se impõe. Ele se analisa, ou decompõe, em formas mínimas constituintes, que são os **morfemas**. Foi o que estabeleceu (evidentemente sem usar o termo), desde o século VII a.C., o gramático hindu Pānini para o sânscrito.

A Linguística, a partir do século XIX, tomou o exemplo de Pānini. É verdade que, com a sua exclusiva preocupação histórica, ou diacrônica, transfigurou o tratamento hindu (que era descritivo ou sincrônico) e passou a ver nos morfemas necessariamente os elementos originários que constituíram o vocábulo.

Saussure e seus discípulos, e logo depois Bloomfield, retomaram a tradição sincrônica e passaram a entender os morfemas como os elementos constitutivos atuais do vocábulo, sejam eles ou não elementos simples indivisíveis originários. Vejamos um exemplo. O port. *estrela* se decompõe em *estrel-*, que é a raiz, e uma vogal final *-a*, que indica uma classe de temas nominais portugueses (oposto a *astro*, com tema em *-o*, e a *satélite*, com tema em *-e*). Também no latim clássico *stella*, a decomposição é da raiz *stell-* e da desinência *-a*, indicativa dos nomes da 1ª declinação. Ora, diacronicamente, a verdade é outra. Temos uma raiz originária *ster-* (comparável ao inglês *star*) e um sufixo de adjetivo *-la*, que, por assimilação regressiva, transformou *ster-* em *stel-*. Além disso, em português o *e-*, inicial, e o *-r-*, medial, são acréscimos e, portanto, elementos diacrônicos de *per si*. Diacronicamente, temos em port. *e + ste(r)* (com intercalação de *-r-* depois de *-st-*) *+ la*. Já, descritivamente, o que há é *estrel+a*. É claro que na sincronia da língua portuguesa a válida é a segunda análise, pois é a única que nos faz compreender a significação e a estrutura morfológica do substantivo atual.

Vistos como reuniões de morfemas, os vocábulos são unidades compósitas, que por sua vez se agrupam em **locuções** (ing. *phrases*). E tem-se afinal a sentença. Esta, por seu lado, não é a unidade máxima. Reúne-se a mais uma, ou a várias, para constituir o discurso. Mas a técnica descritiva não costuma ascender até lá, exceto na técnica, dita "tagmêmica", do linguista norte-americano contemporâneo Kenneth Pike.

9 A DUPLA ARTICULAÇÃO DA LINGUAGEM

Um aspecto de suma importância, na caracterização das línguas humanas, é o que o linguista francês André Martinet chamou "a dupla articulação da linguagem" (MARTINET, 1960: 17). Ele entende, por essa denominação, a circunstância de que a enunciação linguística se compõe de uma sequência vocal, suscetível de análise, até seus elementos últimos indivisíveis, e uma correspondência, também suscetível de análise, entre os grupos vocais e certas significações que a língua comunica. Como a função fundamental da língua é a comunicação entre os homens, tem-se nessa correspondência a **primeira articulação**. A **segunda articulação** é a das sequências vocais consideradas em si mesmas. Quando ouvimos uma língua que não conhecemos, só percebemos, de maneira mais ou menos exata, ou bastante aproximada, essa segunda articulação.

Ao contrário, na análise do port. *estrela*, que fizemos há pouco, focalizamos a primeira articulação, associando *estrel-* à significação de um 'corpo celeste' e *-a* à indicação de uma classe morfológica. Se encarássemos a segunda articulação, teríamos as três sílabas *es + tre + la*, que poderíamos decompor por sua vez nas consoantes e vogais que as constituem.

Os morfemas, que na primeira articulação são os constituintes últimos de um vocábulo, podem ser de duas naturezas. Uma, **lexical**, associa o morfema com uma coisa do mundo biossocial que nos envolve e recebe expressão na língua. Os morfemas *estrel-*, de *estrela*, e *com-*, de *comer*, são **morfemas lexicais**, que constituem o cerne do vocábulo. Outros são os **morfemas gramaticais**, que entram na configuração formal da gramática da língua, como *-a*, da classe nominal de *estrela*, ou *-e-*, indicativo da 2ª conjugação de *comer*, oposto à 1ª conjugação de *amar* e à 3ª de *partir*, ou *-r*, que indica em português uma forma verbal determinada, dita "infinitivo", a qual só se emprega em condições específicas dentro da sentença.

Todas as línguas, entretanto, obliteram essa oposição significativa tão nítida entre morfemas lexicais e morfemas gramaticais porque utilizam à vontade estes últimos para caracterizar coisas, a rigor distintas, do mundo biossocial. Assim é que usamos em português um morfema lexical próprio em *criança*, para designar um ser humano na sua primeira fase de crescimento. Outro morfema lexical em *homem* significa o ser humano já plenamente desenvolvido. Um processo diverso temos em *gatinho*, com o morfema gramatical *-inho* e o mesmo morfema lexical de *gato*. Da mesma sorte, *gata*, com o morfema gramatical *-a*, oposto a *gato*, é a fêmea desse animal. Mas, para o sexo feminino dos seres humanos, o que temos é *mulher* com um semantema lexical diverso do de *homem*.

A razão está num princípio de economia expressional intrínseco às línguas humanas. O antropólogo norte-americano Franz Boas, já aqui citado, pai espiritual da Linguística Descritiva do seu país, chamou a atenção para a circunstância de que esse uso dos morfemas gramaticais permite uma melhor estruturação da língua:

> Se toda a massa de conceitos, com todas as suas variantes, fosse expressa nas línguas por complexos de sons inteiramente heterogêneos e não relacionados entre si [isto é, por morfemas lexicais] surgiria a consequência de que ideias intimamente relacionadas não mostrariam a sua relação pela relação correspondente dos seus símbolos fonéticos (BOAS, 1911: 25).

É uma contingência da imperfeição lógica das línguas humanas a circunstância de que em nenhuma o processo é levado coerentemente às suas últimas consequências, e temos em português, por exemplo, *gatinho* para *gato* e *gata* para *gato*, mas ao mesmo tempo *criança* para *homem* e *mulher* para *homem*.

Como quer que seja, os morfemas gramaticais têm com isso três funções na língua:

1) indicam classificações formais, meramente, como as vogais temáticas das conjugações ou as classes nominais em *-a*, *-o* e *-e*;

2) estabelecem as relações dos vocábulos dentro da sentença, como em latim o "nominativo" assinala o sujeito do verbo e o "acusativo" o seu "objeto direto";

3) marcam, pela sua posição entre si ou pela sua presença em face da sua ausência, as relações que a língua estabelece entre coisas diversas, vistas como relacionadas na ideia que delas fazemos (ou, antes, a nossa língua materna faz)[vii].

São os morfemas gramaticais, sistemas mais ou menos fechados, que constituem a gramática de uma língua. Os morfemas lexicais constituem uma série aberta, que, no núcleo dos vocábulos, ou conjuntos léxicos, se alinham nos dicionários.

10 A VARIAÇÃO LINGUÍSTICA

Consideremos agora a delicada questão da variabilidade linguística, que se salientou no capítulo precedente. Ela se manifesta tanto na primeira como na segunda articulação das línguas.

Assim, em português, o elemento lexical de *estrela* apresenta uma variante, sem *-r-* medial, no adjetivo *estelar*, por exemplo. Ao lado de *gatinho*, temos *cãozinho*, com o sufixo gramatical variante, ou **alomórfico**, *-zinho* em vez de *-inho*. Muitas vezes o alomorfe é um zero (ø), como no infinitivo verbal *pôr*, em que falta a vogal temática da conjugação, pois a vogal /o/ pertence à raiz, ou morfema lexical, como se vê na divisão *ponho* (*ponh + o*), análoga à de *am + o*, *tem + o*, *part + o* (a vogal *-o* final é o morfema gramatical que indica a 1ª pessoa do singular do presente do indicativo em qualquer conjugação portuguesa).

Na segunda articulação da língua portuguesa, as chamadas "vogais reduzidas", por exemplo, não são mais do que variantes, ou **alofones**, em posição átona, das vogais que aparecem com o seu timbre pleno quando são tônicas.

Para os elementos simples indivisíveis da primeira articulação temos a invariante no conceito de **morfema**, e, para a segunda, no de **fonema**.

Assim, a complexa variabilidade na superfície corresponde sempre na língua a uma invariabilidade profunda, como ressaltamos no capítulo precedente[viii].

Muitas vezes, a invariabilidade é um elemento teórico, que convencionalmente indicamos pela anteposição de um asterisco no alto (*). Isso quer dizer que o elemento não se encontra concretamente na língua, mas é pressuposto como um elo de ligação entre as variantes. Em relação aos morfemas, Bloomfield descreveu essa técnica descritiva de uma maneira singularmente lúcida:

> O processo da descrição nos conduz a apresentar cada elemento morfológico numa forma teórica *básica* [grifo no original] e em seguida a estabelecer os desvios dessa forma básica que aparecem quando o elemento se combina com outros elementos. Partindo das formas básicas [e aplicando certas regras], na ordem em que as damos, chega-se finalmente às formas dos vocábulos como são na realidade enunciados (BLOOMFIELD, 1939: 105).

No correr do presente livro, teremos ocasião de aplicar essa técnica mais de uma vez e de verificar como ela simplifica a descrição de muitos paradigmas de variação aparentemente arbitrária. Aqui, vamos exemplificá-la com duas ilustrações tiradas do latim. Com efeito, em latim, temos vocábulos do tipo *leō – leōnis* e do tipo *homō – homĭnis*. Partindo dos nominativos de terminação idêntica (*leō, homō*), a gramática tradicional nos diz que esses nomes ora fazem o genitivo em *-ōnis*, ora em *-ĭnis*, sem um princípio que regule a escolha. É uma "anomalia" na tradição gramatical greco-latina. Entretanto, se focalizarmos o genitivo (*leōnis*, num dos nomes, e *homĭnis*, no outro) e separarmos em ambos a desinência *-is*, do genitivo, chegamos a formas teóricas **leōn* e **homin*. Estabelecemos então duas regras:

1) a nasal final é suprimida no nominativo;

2) quando tal acontece (e acontece em todos os nomes que não são neutros), a vogal *-ĭ* breve, ficando final, passa para *-ō* longo. Nos neutros, em que a nasal final não é suprimida, a vogal *-ĭ* breve passa para *-ĕ-* breve (cf. *lumen – lumĭnis*)[ix].

Chegamos assim a uma conclusão preliminar referente à invariabilidade profunda em meio da superficial variabilidade linguística.

Na primeira articulação, o morfema representa o elemento invariável. A ele correspondem os alomorfes, ou variantes concretas, que é o que se pronuncia. Esses alomorfes são morfologicamente livres, como *estel-* de *estelar* ao lado de *estrel-* de *estrela*, ou são determinados pelo contexto fonético em que se acha o morfema. Assim, não existe em português uma vogal nasal imediatamente seguida de *-r-* na mesma sílaba, e por isso, uma vez que falta no vocábulo a vogal temática da conjugação, a forma teórica **põr* se realiza como *pôr*.

Há, portanto, alomorfes morfologicamente livres e alomorfes fonologicamente condicionados. O alomorfe pode ser até um zero (ø), como é a ausência da vogal temática em *pôr*.

Quanto ao morfema invariante, ele pode ser um segmento fônico (uma vogal, uma consoante ou uma sequência de vogais, de consoante e vogal ou de vogais e consoante, ou de vogais e consoantes), ou pode ser uma entidade mais abstrata como um processo de reduplicação no morfema lexical ou de alternância de vogais dentro do morfema lexical, a exemplo da oposição em português entre *faz* ('3ª pessoa do indicativo presente') – *fez* ('3ª pessoa do indicativo pretérito perfeito') – *fiz* ('1ª pessoa do indicativo pretérito perfeito'). Pode até ser um zero (ø), ou ausência do morfema, como é em português a indicação de singular, nos nomes, em face da indicação de plural com um morfema de consoante sibilante (*lobo* – *lobos*).

Na segunda articulação, ou seja, a fonologia, o fonema invariante se desdobra em alofones. Alguns são condicionados pelo contexto fonológico, como cada uma das vogais átonas portuguesas, em face da correspondente vogal tônica. Outros são **variantes** "**livres**", determinadas pela flutuação que impera na língua em referência à realização sônica do fonema. Estão neste último caso os alofones do /r/ chamado "forte", que pode ser uma vibração prolongada da ponta da língua junto aos dentes superiores ("r" múltiplo – [r]), ou uma vibração da língua junto ao véu palatino ("r" velar – [x]), ou uma vibração da úvula, na parte extrema do véu palatino ("r" uvular – [ʀ]), ou uma forte fricção da faringe ("r" fricativo não lingual – [ħ], foneticamente semelhante ao /h/ aspirado inglês, onde simplesmente não há na faringe nenhuma fricção[x]). Os alofones, ou variantes, livres são, em

47

termos diacrônicos, em regra mudanças fonológicas em andamento. Assim, a variação do /r/ forte, em português, indica um processo de mudança da articulação anterior (na parte anterior da boca, junto aos dentes) para uma articulação posterior (na parte posterior da boca, a partir do véu palatino), que ainda não terminou. Ao contrário, o /r/ uvular, ou "grasseyé" da língua de Paris, em francês, é o término desse processo de mudança nesse dialeto regional, que é considerado o de mais prestígio na França.

Na segunda articulação, o que distingue o fonema, em face do alofone, é a sua capacidade de distinguir as formas da língua. Assim, em português o "r" forte – /r/ (seja múltiplo, ou velar, ou uvular, ou fricativo) é um fonema oposto ao "r" brando – /ɾ/ (um único golpe vibratório da ponta da língua junto aos dentes superiores), porque com ele se distingue *erra*, de *era*, ou *ferro*, de *fero*, ou *carro*, de *caro*, ou *corre*, de *core*, e assim por diante.

11 A HOMONÍMIA, A POLISSEMIA E A DESCRIÇÃO DOS FONEMAS

Um problema delicado da descrição linguística, ligado à função distintiva dos fonemas, é o da **homonímia**, que todas as línguas apresentam. Trata-se de formas distintas, do ponto de vista significativo, mas constituídas do mesmo segmento fônico. Assim, temos em português *pata* ('membro de locomoção de um quadrúpede') e *pata* ('fêmea do pato'), *canto* (substantivo) e *canto* ('1ª pessoa do indicativo presente do verbo *cantar*').

O problema se complica pelo conceito gramatical da **polissemia**, isto é, a possibilidade de uma forma ter variações de sentido muito nítidas. Até que ponto se tem a polissemia e se entra na homonímia propriamente dita?

Esse problema fornece um argumento a favor da intromissão da consideração diacrônica na descrição sincrônica. Assim se pode alegar que *canto* (substantivo) vem do lat. *cantus* e *canto* (verbo) do lat. *canto*. Em latim são formas fonicamente distintas e a homonímia se estabeleceu em português. Da mesma sorte, *cabo* ('acidente geográfico') e *cabo* ('posto das forças armadas') vêm do lat. *caput* ('cabeça') ao passo que *cabo* ('peça para segurar um instrumento') vem do lat. *capŭlus*, derivado de *capĕre* ('segurar'). Mas ainda aqui o critério diacrônico falha repetidamente na descrição sincrônica. Em primeiro lugar, *pata*, como muitas outras formas em português, é de etimologia desconhecida, e talvez os dois homônimos tenham a mesma origem, de fundo onomatopaico (NASCENTES, 1966: 558s.). Depois, do ponto de vista sincrônico, é incoerente considerar *cabo* ('acidente geográfico') e *cabo* ('posto das forças armadas') um caso de polissemia em face de uma homonímia com *cabo* ('peça para segurar um instrumento').

Ainda aqui se impõe um critério exclusivamente sincrônico.

Não há a respeito unanimidade de ponto de vista entre os linguistas. Mas a solução, que parece exata, é partir da distribuição das formas, isto é, da maneira por que os morfemas aparecem nos vocábulos e os vocábulos nas sentenças. A distribuição diferente indica a homonímia. A mesma distribuição é sinal de polissemia.

Nos exemplos portugueses, que estamos trazendo à baila, *cabo*, com seus três sentidos, é uma forma polissêmica, pois a sua distribuição, como substantivo, é a mesma na sentença (como sujeito, como objeto e assim por diante). Já *canto*, substantivo, e *canto*, forma verbal, são homônimos, uma vez que nos padrões das sentenças se distribuem de maneira diversa (*um canto alegre* / *canto alegremente* etc.). Aí a distribuição diferente é sintática. Mas, da mesma sorte, de um ponto de vista de paradigma, *pata*, ('fêmea do pato'), que se opõe a este com uma desinência de feminino *-a*, só pode ser homônimo de *pata* ('membro de locomoção dos quadrúpedes'), que é um termo isolado como nome da classe em *-a*.

Em relação aos morfemas, a distribuição diversa, conforme o vocábulo, opõe em homonímia a sibilante, que é desinência da 2ª pessoa dos verbos, e a que é morfema de plural dos nomes; da mesma sorte que *-o*, do substantivo *canto*, vogal de uma classe morfológica nominal, só pode ser homônimo de *-o* final da forma verbal *canto*, desinência da 1ª pessoa do indicativo presente.

Ainda aqui, os princípios da forma teórica e da alomorfia são muitas vezes de utilização eficiente na descrição sincrônica. A sibilante, como desinência da 2ª pessoa dos verbos portugueses, constitui um conjunto alomórfico com -*ste* (do pretérito perfeito: *cantaste*) e com ø do imperativo (*canta!*); a desinência de plural dos nomes é uma invariante. Também é uma invariante a vogal -*o* da classe nominal a que pertence o substantivo *canto*, ao passo que a desinência da 1ª pessoa do indicativo presente é nos outros tempos geralmente zero (ø) e no pretérito perfeito e no futuro do presente é a vogal (assilábica) /i/ (*cantei, cantarei*).

Nos exemplos dos nominativos latinos *leō* e *homō*, já aqui comentados, a homonímia da terminação desaparece em face das formas teóricas **leon* e **homin*, respectivamente. Analogamente, em português, o sufixo -*ão*, que é aumentativo em *valentão*, gentílico em *alemão* e genericamente derivativo em *comarcão*, se triparte nas formas teóricas, sugeridas pelos plurais diferentes **valentõe*, **alemãe* e **comarcão* (que é também a forma concreta no singular).

Observemos, finalmente, em referência à homonímia, que a língua escrita tem a possibilidade de fugir a ela, mudando a letra, ou **grafema**, para representar o mesmo fonema. Assim se distinguem graficamente *cheque* ('título bancário') e *xeque* ('ameaça ao rei no jogo de xadrez'). Neste particular, a ortografia oficial brasileira entrou por um caminho excessivamente elaborado e sofisticado, que muitas vezes não corresponde a uma característica viva da grafia e se rege aliás por motivações diacrônicas (cf. *vasa* e *vaza*) e, não raro, pela motivação diacrônica destrói até a diferenciação grafêmica, como em *eça* ('ataúde'), feito agora *essa* em uniformidade com o demonstrativo feminino. Não deixa de se tratar, não obstante, de uma possibilidade que falta à língua oral e mostra como escrita e fala podem seguir caminhos distintos. Permite até certos efeitos estilísticos, vedados à língua oral, como o do jornalista malicioso ao anunciar que uma dada autoridade fora "empoçada" (com ç) *em determinado cargo*.

Parece que depois da discussão doutrinária desses três capítulos preliminares estamos em melhor condição de abordar a descrição gramatical da língua portuguesa, em seu dialeto social "culto" e seu registro "formal".

NOTAS DOS EDITORES

Parte introdutória

i. Na última edição: *depressão*.

ii. Em todas as edições: *Ítalo-romano*.

iii. Da primeira à última edição registra-se com este equívoco tipográfico: *monopolítico*.

iv. Na última edição está: *pode-se fazer*.

v. Na redação original: JAKOBSON, 1969: 113.

vi. Da primeira à última edição ocorre este equívoco tipográfico: *de composição*.

vii. A paragrafação foi alterada para fins de clareza.

viii. No original: Assim, a complexa variabilidade na superfície corresponde sempre na língua uma invariabilidade profunda, como ressaltamos no capítulo precedente.

ix. A paragrafação foi alterada para fins de clareza.

x. Nesta seção, para fins de clareza, acrescentamos o símbolo do alfabeto fonético internacional correspondente ao segmento descrito.

PARTE PRIMEIRA
A segunda articulação ou fonologia

IV

Sons vocais elementares e fonemas

12 O CONCEITO DE FONEMA

A divisão mínima na segunda articulação da língua é a dos sons vocais elementares, que podem ser **vogais** ou **consoantes**. A divisão resulta de um processo psíquico da parte de quem fala e de quem ouve[i]. Na realidade física a emissão vocal é um contínuo, como assinalam quer os aparelhos acústicos, quer os de registro articulatório. Já se trata, pois, de uma primeira abstração intuitiva do espírito humano em face da realidade física.

Durante muito tempo, a Linguística se contentou com essa primeira e não elaborada divisão, cujo estudo se chamou Fonética. A partir dos fins do século XIX, com o linguista russo Baudouin de Courtenay (1845-1929), professor sucessivamente na Universidade de Kazan e na Universidade de São Petersburgo (segundo o nome da cidade no tempo dos czares), e nos princípios do século XX com o linguista franco-suíço Ferdinand de Saussure (1859-1913), de quem já falamos aqui, e ainda com o linguista norte-americano Edward Sapir (1884-1939), a quem também já nos referimos, deu-se mais um passo no sentido da abstração psíquica, e criou-se, ao lado do **som vocal elementar**, o conceito de fonema, segundo o nome proposto por Baudouin.

Esse conceito parte do princípio doutrinário de que no som vocal elementar o que realmente interessa na comunicação linguística é um pequeno número de propriedades articulatórias e acústicas ou traços (ing. *features*) e não todo o conjunto da emissão fônica. Esses traços, ditos **distintivos**, são os que servem para distinguir numa língua dada uns sons vocais elementares dos outros. Com isso, cada fonema, ou seja, cada conjunto de certos traços distintivos, opõe entre si as formas da língua que o possuem, em face de outras formas que não o possuem, ou possuem em seu lugar outro fonema; por exemplo, em português:

• *ala, vala, vela, vê-la, vila*;

• *saco, soco* ('tamanco'), *soco, suco*;

• *pelas, belas, melas, telas, delas, nelas, selas, zelas, Chelas* ('nome de um convento em Portugal'), *gelas, velas, velhas*;

• *vala, fala*;

• *amo, ano, anho* (sinônimo de *carneiro*);

e assim por diante.

Daí, a definição do fonema, dada por Jakobson: "As propriedades fônicas concorrentes [isto é, simultâneas para o ouvido humano] que se usam numa dada língua para distinguir vocábulos de significação diferente" (JAKOBSON, 1962a: 231). Essa definição, dada em 1932, coincide em seu sentido geral com outra de Leonard Bloomfield, formulada um ano mais tarde: "traços distintivos que ocorrem em conjunto ou feixe", com o adendo[ii]:

> O falante se exercitou em fazer os movimentos [entenda-se no aparelho fonador] produtores de som de tal maneira que os traços do fonema estão sempre presentes nas ondas sonoras e também se exercitou a só dar importância a esses traços, não tomando conhecimento da massa acústica que alcança em grosso o seu ouvido (BLOOMFIELD, 1933: 79).

É claro que o fonema é um conceito da língua oral e não se confunde com a letra, na língua escrita. Nesta, o mesmo fonema pode ser representado com letra diferente, como em port. *aço* e *asso, chá* e *xá* ('o rei da Pérsia'), o sufixo *-esa* (de *portuguesa*, por exemplo) e *-eza* (por exemplo, de *tristeza*) e assim por diante. Se, como acontece nesses casos, a letra diferente serve para distinguir na escrita certos homônimos da língua, ela constitui aí um grafema. Mas isso só acontece por acaso na ortografia oficial de qualquer língua; assim, vimos que já não se distinguem graficamente *eça* ('ataúde') e *essa* ('demonstrativo feminino') (cf. seção 11).

De qualquer maneira, costuma-se distinguir da letra o fonema, pondo este entre barras na transcrição dita "fonêmica" (assim, em português /s/ representa o mesmo fonema tanto em *aço*, como em *asso*, ou em *sala*, ou em *próximo*, que passam a ser transcritos fonemicamente como /'asu/, /'sala/, /'prɔsimu/).

Quando não há a preocupação de indicar o fonema, mas o som vocal elementar, total, em transcrição "fonética", põe-se a representação gráfica entre colchetes ([...]). Assim, [saʷ], rimando com *pau* /pau/, ao lado da pronúncia "mais correta" [saɫ][3] para o que se escreve sempre *sal*.

13 OS FONEMAS E SEUS ALOFONES

É claro que, assim entendido, o fonema abrange vários sons vocais elementares. Um ouvido arguto pode percebê-los como diferentes. São as **variantes**, ou alofones, de um fonema. A chave da sua definição está em que a troca de um alofone por outro pode soar "mal" a um ouvido delicado, mas não substitui uma forma da língua por outra. Assim, em português, [saʷ] e [saɫ] é sempre o mesmo vocábulo. Quando muito, conduzirá a erros e confusões de ortografia, como no Rio de Janeiro fazem muitos alunos das nossas escolas, que escrevem sempre *mau*, para *mau* e para *mal*, porque pronunciam sempre [maʷ].

Há, aliás, dois tipos muito diferentes de alofones. Um deles depende do ambiente fonético em que o som vocal se encontra. Dá-se uma assimilação aos traços dos outros sons contíguos ou um afrouxamento ou mesmo mudança de articulações em virtude da posição fraca em que o fonema se acha (por exemplo, nas vogais portuguesas, a posição átona, especialmente em

---

3. A representação [ɫ] indica um alofone posterior do /l/, determinado em português pela posição pós-vocálica. Vamos apreciá-lo de espaço no capítulo referente às vogais e consoantes.

sílaba final). Esses alofones, ou variantes do fonema, são ditos **posicionais**. Já outro tipo é o da **variação livre**, quando os falantes da língua divergem na articulação do mesmo fonema ou um mesmo falante muda a articulação conforme o registro em que fala. São os alofones ou variantes livres, como sucede em português com o /r/ forte, pronunciado, como vimos, pela maioria dos falantes como um som velar, ou uvular, ou mesmo com uma mera vibração faríngea, e, por outros, em minoria, como uma dental múltipla (isto é, resultante de uma série de vibrações da ponta da língua junto aos dentes superiores).

Os alofones posicionais têm muita importância para caracterizar o conjunto de fonemas da língua. Eles dão o sotaque local da nossa fala, distinguindo, por exemplo, o falar do Rio de Janeiro e o de São Paulo, e, até, de maneira geral, a pronúncia brasileira e a portuguesa. Assim, no Rio de Janeiro pronuncia-se /t/ e /d/ diante de /i/ tônico de uma maneira "soprada" (dita **africada**), em contraste com a dental firme que aparece em São Paulo. Em Portugal pronuncia-se /b/, /d/ e /g/, entre vogais, de uma maneira "frouxa" (uma **fricativa**), que no caso do /b/ o aproxima perigosamente do fonema /v/, e /e/ átono final é enunciado com a língua no centro da boca, apenas ligeiramente elevada, donde resulta um timbre especial, que em transcrição fonética se indica por um *e* invertido ([ə]); já no Rio de Janeiro se emite francamente um [i].

Entretanto, o grande problema de quem fala uma língua estrangeira não é a rigor a má reprodução dos alofones, mas o de emitir os verdadeiros traços distintivos dos fonemas, sem insinuar, sem sentir os traços distintivos dos fonemas mais ou menos semelhantes da língua materna, às vezes com confusões perturbadoras e cômicas. Por exemplo, a consoante típica inglesa, que a escrita indica por <*th*>, pode ser pronunciada por um português ou um brasileiro à maneira de /t/ ou de /s/, que também existem como fonemas em inglês, de sorte que a frase *It is thin* ('É delgado') pode soar como *It is tin* ('É uma lata'), ou *It is sin* ('É um pecado'). E assim por diante.

14 A CLASSIFICAÇÃO DOS TRAÇOS DISTINTIVOS

A classificação dos traços distintivos pode ser feita por mais de um critério. Ela pode ser **acústica**, baseada nas vibrações das ondas sonoras do ar, quando se fala. Também pode ser **auditiva**, tomando para critério o efeito que o som emitido produz no ouvido humano. E também pode ser **articulatória**, quando os traços se definem pelos movimentos dos órgãos fonadores quando se fala. Como diferença entre classificação articulatória e classificação auditiva temos, para as consoantes, a sinonímia entre **constritivas** e **fricativas**, que a nossa Nomenclatura Gramatical Brasileira não entendeu, fazendo das fricativas uma divisão das constritivas. Na realidade, a constrição é a aproximação muito grande entre dois órgãos fonadores, como para port. /f/ e /v/, em que a arcada dentária superior e o lábio inferior *quase* se juntam. A fricção, ou atrito, é a impressão que essa constrição produz em nosso ouvido. O nome de "sibilantes" e o de "chiantes", respectivamente, para /s/ – /z/ e /ʃ/ (<x> em *eixo*) – /ʒ/ (<j> em *jeito*), são também uma classificação auditiva; articulatoriamente costumam ser chamados esses fonemas **constritivos alveolares** e **palatais**, respectivamente.

Modernamente, Roman Jakobson pôs em voga uma classificação essencialmente de base acústica (JAKOBSON; HALLE & FANT, 1952)[4]. Antes fizera uma remodelação da classificação articulatória, que na sua forma tradicional lhe parecia excessivamente fonética, em vez de fonêmica:

---

4. A classificação definitiva de Jakobson, nesse sentido, vem em Jakobson 1967, 101s. Não a adotamos aqui por causa da problemática controvertida que envolve, e por me parecer perturbadora nesta altura, ainda pouco avançada, dos estudos linguísticos em português. Por outro lado, o outro *approach* de Jakobson me parece plenamente satisfatório, além de muito acessível. Note-se que a orientação acústica de Jakobson não é rígida, mas antes maleável em sua nomenclatura: "Não nos interessa substituir uma classificação acústica por outra articulatória, mas tão somente pôr em evidência os critérios mais produtivos da divisão, válidos para um e outro aspecto do fenômeno fonatório" (JAKOBSON, 1967: 132). Note-se ainda a especial importância que ele dá ao aspecto auditivo: "A experiência auditiva é o único aspecto da mensagem de que o emissor e o receptor participam, visto que normalmente o falante ouve a si mesmo" (JAKOBSON, 1967: 129).

> Apesar das problemáticas fundamentalmente diversas das duas disciplinas, a fonologia [isto é, o estudo dos fonemas e, não, dos sons vocais globalmente considerados], como era natural, chamou a si em seus primeiros passos muita coisa fonética, inteiramente fonética, muita coisa que se enquadra essencialmente na descrição fonética, embora à luz da fonologia deva ser pesada e avaliada (...) esses dados [fonéticos] têm que ser realmente tratados de maneira fonológica; é preciso não trazer simplesmente para a fonologia o material fonético em seu estado cru, com pele e ossos[iii] por assim dizer (JAKOBSON, 1967: 16-17).

A grande diferença entre o tratamento articulatório dos fonemas de Jakobson e o da fonética tradicional é que ele põe de parte a classificação pelos pontos de articulação na boca (**labiais**, **labiodentais**, **dentais**, **alveolares**, **pré-palatais**, **médio-palatais**, **velares**). Substitui-a pela classificação baseada no formato da caixa de ressonância que com esses movimentos articulatórios se cria na boca.

Há uma caixa de ressonância indivisa com a saída voltada para fora (consoantes labiais, *lato sensu*), onde a língua não atua. Há outra caixa de ressonância, também indivisa, voltada para dentro, com a elevação da língua no fundo da boca (fonemas póstero-linguais, ou, digamos, posteriores). E há uma terceira caixa de ressonância, dividida em duas partes, com a elevação da língua no sentido dos dentes, dos alvéolos ou do pré-palato (fonemas ântero-linguais, ou, digamos, anteriores). Ele aplica essas oposições para a classificação fonológica das consoantes (JAKOBSON, 1967: 65s.); mas a divisão entre **anteriores** e **posteriores** também se refere às vogais.

É esta classificação articulatória original de Jakobson que utilizamos para o português desde 1948 (CAMARA, 1953) e vamos repetir aqui. Há apenas para ressalvar que em português as vogais posteriores também são **arredondadas**, isto é, complementadas por um arredondamento dos lábios, e as anteriores são, em relação aos lábios, não arredondadas ou **distensas**.

15 VOGAIS E CONSOANTES

Restam duas observações finais.

Um ex-discípulo de Jakobson, intimamente ligado à escola linguística de Noam Chomsky, o professor Morris Halle, imaginou só levar em conta em fonologia os traços distintivos acústicos de Jakobson, abandonando a noção de fonema, como soma ou conjunto de dados traços distintivos. Não vejo vantagem em acompanhá-lo nessa inovação que Chomsky e seus companheiros adotaram com entusiasmo (HALLE, 1962, 1964).

A diferença entre vogal e consoante, criada pela fonética, continua em fonêmica, ou fonologia, embora um tanto atenuada e até certo ponto reformulada.

Há dois critérios para estabelecer essa diferença.

Um, mais fonético do que propriamente fonêmico, é considerar a vogal como um som[iv], produzido pela ressonância bucal, onde a corrente de ar passou livremente. Ao contrário, na consoante, há na[v] passagem da corrente de ar seja uma oclusão, ou fechamento, seja uma constrição, ou aperto, seja uma oclusão parcial, que desvia a direção da corrente de ar, ou uma tremulação da língua que imprime uma vibração à corrente de ar. Isso dá para as consoantes ordem de[vi]:

1) **oclusivas** (auditivamente **plosivas**);

2) **constritivas** (auditivamente fricativas);

3) **nasais**, com oclusão ou às vezes constrição na boca, mas ressonância plena nas fossas nasais (devido ao abaixamento da úvula, no fundo do véu palatino, e estabelecimento de comunicação entre a boca e o nariz);

4) **laterais**, com oclusão num ponto do centro da língua e desvio lateral da corrente de ar;

5) **vibrantes**, com a vibração rápida ou prolongada da língua, ou da úvula, ou fricção faríngea.

Jakobson vê aí uma divisão tripartida mais simples:

I) o traço do vocalismo, próprio das vogais;

II) o traço do consonantismo, que caracteriza as consoantes oclusivas, constritivas e nasais;

III) o traço do vocalismo e consonantismo simultâneos (**sonantes**), que abarca, como consoantes "líquidas", as laterais e as vibrantes (JAKOBSON, 1967: 124).

O segundo critério é o comportamento do fonema na unidade superior da sílaba. As vogais e as consoantes líquidas ou nasais, mais raramente, podem figurar como centro da sílaba. As consoantes ficam em volta desse centro, como também pode suceder com as nasais e as líquidas.

Não há sílaba sem um centro ou ápice (**V**). Os elementos marginais (**C**) podem ser pré-vocálicos ou pós-vocálicos. Se há elemento pós-vocálico, a sílaba é **travada** ou **fechada**. Se não o há, a sílaba é **livre** ou **aberta**.

Em português, o centro da sílaba é sempre uma vogal. Só algumas consoantes podem ser pós-vocálicas. E predominam de muito as sílabas livres sobre as travadas.

As vogais e as consoantes portuguesas

16 INTRODUÇÃO: BREVE HISTÓRIA DA DESCRIÇÃO FONÉTICA DO PORTUGUÊS

Consideremos agora o problema descritivo dos fonemas portugueses nas suas duas modalidades de vogais e consoantes.

Em referência às vogais, a realidade da língua oral é muito mais complexa do que dá a entender o uso aparentemente simples e regular das cinco letras latinas vogais na escrita. O que há são sete fonemas vocálicos multiplicados em muitos alofones. Os falantes de língua espanhola têm, em regra, dificuldade de entender o português falado, apesar da grande semelhança entre as duas línguas, por causa dessa complexidade em contraste com a relativa simplicidade e consistência do sistema vocálico espanhol. Portugueses e brasileiros, ao contrário, acompanham razoavelmente bem o espanhol falado, porque se defrontam com um jogo de timbres vocálicos menor e menos variável que o seu próprio.

Em sua clássica exposição da pronúncia normal do português europeu, Gonçalves Viana procurou cingir rigorosamente a realidade fonética (VIANA, 1892). Mais tarde, embora já numa época em que se ia impondo a orientação fonêmica na Europa e na América do Norte, Sá Nogueira levou ainda mais longe a subdivisão dos timbres vocálicos. Gonçalves Viana tratou no mesmo plano o que hoje distinguiríamos, de um lado, como fonemas, e como variantes posicionais, de outro lado. Sá Nogueira procurou indiscriminadamente destacar e dar *status* do que ele, como já fizera Gonçalves Viana, chamou "fonemas", compreendendo em sua enumeração, num mesmo plano, variantes posicionais, variantes livres (misturando dialetos sociais e até registros diversos) de par com os verdadeiros fonemas (SÁ NOGUEIRA, 1938).

No Brasil, o enfoque da língua oral começou com Franco de Sá numa obra que ficou infelizmente fragmentária (SÁ, 1915). Não vai muito longe no rigor fonético, porque Franco de Sá, um antigo político retirado da vida pública, não era foneticista de formação, como foi Gonçalves Viana e mesmo Sá Nogueira, e além disso não foi um observador direto da fala em si mesma. O seu método parte, em última análise, da língua escrita, pois o que ele pretende é examinar a maneira por que cada letra vogal é pronunciada nos vocábulos em que se escreve. A sua doutrina é que as cinco letras vogais, na pronúncia "culta" brasileira, têm três variedades de timbre, que ele chama respectivamente "aberto", "fechado" e "surdo" (SÁ, 1915: 180). É o que está na base de todas as descrições posteriores, até a atual Nomenclatura Gramatical Brasileira. Apenas o termo *surdo* foi substituído pelo termo *reduzido*, que aparece esporadicamente em Gonçalves Viana. Provavelmente *surdo* pareceu denominação imprópria, em vista do seu sentido geral, na terminologia fonética portuguesa, de (som) emitido sem vibração das cordas vocais, em contraste com "sonoro". Neste sentido específico, as vogais são normalmente "sonoras", embora haja variantes posicionais surdas, propriamente ditas, em certos contextos e registros (LEMLE, 1966: 33)[vii].

Afora essa questão terminológica, a espinha dorsal do critério classificatório de Franco de Sá, que continuou até hoje, é a atribuição de um *status* próprio a certos timbres específicos do /a/, do /i/ e do /u/ em determinadas posições átonas. Focalizando-se a rigor a letra, considerou-se como <a> surdo, ou reduzido, uma articulação levemente posterior do fonema /a/ em posição átona (a bem dizer, a posição átona final torna a articulação diferente, a mais, da átona pretônica), e, como <e> surdo, ou reduzido, e <o> surdo, ou reduzido, o que a rigor são timbres alofônicos do /i/ e do /u/, respectivamente, em posição átona final, como por exemplo em *vide* ou *fruto*. Em relação ao <e> surdo, Franco de Sá também assim denomina o [e] neutro, que é típico da fonologia lusitana em contraste com a brasileira, e este, sim, se deve considerar um alofone posicional da vogal /e/ (não se justifica a interpretação de alguns fonólogos portugueses no sentido de que se trata de um verdadeiro fonema).

Ora, numa orientação fonêmica, como foi apresentada no capítulo anterior, o que importa é que os sons vocálicos, classificados como "surdos" ou "reduzidos", são consequência da posição átona da vogal. Uma classificação em linhas fonêmicas não procura, como norma classificatória, a identidade de timbre, que aliás nunca se encontraria a rigor em termos meticulosamente fonéticos. O que interessa são as propriedades ou traços distintivos. Diferenças, até fisicamente muito grandes, podem resultar na mesma coisa, a[viii] considerá-las desse ponto de vista.

17 AS VOGAIS PORTUGUESAS EM POSIÇÃO ACENTUADA

Para as vogais portuguesas, a presença do que se chama **acento**, ou particular força expiratória (**intensidade**), associada secundariamente a uma ligeira elevação da voz (**tom**), é que constitui a posição ótima para caracterizá-las. A posição tônica nos dá em sua plenitude e maior nitidez (desde que se trate do registro culto formal) os traços distintivos vocálicos.

Desta sorte, a classificação das vogais como fonemas tem de partir da posição tônica. Daí se deduzem as vogais distintivas portuguesas.

Elas constituem então o que Trubetzkoy chamou um sistema vocálico triangular (TRUBETZKOY, 1929: 39s.). Há uma série de vogais anteriores, com um avanço da parte anterior da língua e a sua elevação gradual, e outra série de vogais posteriores, com um recuo da parte posterior da língua e a sua elevação gradual. Nestas há, como acompanhamento, um arredondamento gradual dos lábios. Entre umas e outras, sem avanço ou elevação apreciável da língua, tem-se a vogal /a/ como vértice mais baixo de um triângulo de base para cima. A articulação da parte anterior, central (ligeiramente anterior) e posterior da língua dá a classificação articulatória de vogais – anteriores, **central** e posteriores. A elevação gradual da língua, na parte anterior ou na posterior, conforme o caso, dá a classificação articulatória de vogal **baixa**, vogais **médias de 1º grau** (abertas), vogais **médias de 2º grau** (fechadas) e vogais **altas**. O dispositivo fica o seguinte:

altas		/u/		/i/
médias	2º grau	/o/		/e/
	1º grau	/ɔ/		/ɛ/
baixa			/a/	
		posteriores	**central**	**anteriores**

Helmut Lüdtke, numa recente exposição do vocalismo do português europeu em termos fonêmicos ("fonemáticos", como ele prefere dizer puristicamente)[5], considera uma classificação auditiva, chamando as vogais anteriores "claras" e as posteriores "escuras" (ou, poderíamos dizer, "abafadas"), o que torna a vogal central "média" (nem "clara" nem "escura"), mas na realidade "não escura"[ix], pois, como vimos, é ligeiramente anterior. Em vez da tripartição articulatória, considera as vogais "fechadas" (correspondentes às altas), as vogais "abertas" (correspondentes à vogal baixa e às médias de 1º grau), com um meio-termo de vogais "médias" (as médias de

---

5. O uso de "fonemático", cedo proposto por Louis Gray (GRAY, 1939: 62), parte da consideração purista de que os neutros em -ma, em grego, têm o radical reduzido no nominativo e os derivados devem ser tirados do radical completo do genitivo; assim *phonéma* → *phonematos* deve dar o derivado *fonemático*, como se tem *gramático, matemático, dramático* e assim por diante. Bloomfield, a quem se deve o adjetivo *phonemic* em inglês (1933), tirou-o diretamente do substantivo inglês *phoneme*.

2º grau). Essas médias também poderiam ser ditas "não fechadas" (LÜDT-KE, 1953: 200-202)[6].

No português do Brasil, a posição da vogal tônica diante de consoante nasal na sílaba seguinte (ex.: *amo, lenha, sono*) elimina as vogais médias de lº grau e torna a vogal baixa central levemente posterior, em vez de anterior, o que auditivamente lhe imprime um som abafado. Essa situação normal brasileira (que coincide no português europeu com a do Alentejo) difere da "pronúncia normal portuguesa", estabelecida por Gonçalves Viana na base do dialeto de Lisboa. Lá, a existência, na sílaba imediatamente seguinte, de uma consoante nasal não suprime a possibilidade de vogais médias de 1º grau (/ɛ/, /ɔ/) nem a do /a/ central levemente anterior (não escuro ou não abafado).

Por isso, baseados nessa pronúncia normal (lisboeta), os modernos fonólogos europeus, como Helmut Lüdtke e Jorge Morais Barbosa (BARBOSA, 1965: 58s.), estabelecem dois fonemas /a/ em português europeu: /a/ levemente anterior e claro (substituído na pronúncia normal brasileira pela variante posicional [ɐ], levemente posterior e abafado diante de consoante nasal da sílaba seguinte) e /ɐ/, justamente, que aí pode, ou não, aparecer, formando oposição com /a/. O exemplo clássico é a oposição, na 1ª conjugação verbal, entre *-ámos* (terminação no pretérito perfeito: *Ontem cantámos*) e *-amos* (terminação no presente: *Cantamos agora e sempre*). Tal oposição parece muito frequente, por causa do grande número de verbos da 1ª conjugação; mas em última análise não o é, pois só depende de duas terminações únicas.

No Brasil essa mesma oposição aparece esporadicamente. Mas não corresponde sequer a um registro formal bem determinado e firme; é inconsistente nos próprios indivíduos que uma ou outra vez timbram em fazê-la. O rendimento da oposição é tão mínimo e incoerente que, com mais razão

---

6. A terminologia de Lüdtke é defeituosa pelo emprego de *média* em dois sentidos: posição intermediária na atuação horizontal da língua e na sua elevação, ou situação vertical.

do que faz o linguista sino-norte-americano Yuen-Ren-Chao para a distinção do <*th*> inglês entre sonoro (com vibração das cordas vocais) e surdo (sem essa vibração e de muito o mais frequente), cabe perguntar se vale a pena levar em conta tal oposição na descrição fonêmica (CHAO, 1968: 40).

Desprezei-a, para o português culto formal do Brasil, desde 1948 (CAMARA JR., 1953: 71), e mantenho aqui o mesmo critério de descrição fonológica.

Há assim sete vogais (partindo-se da posição tônica), que se reduzem a cinco (com uma variante posicional [ɐ]) diante de consoante nasal na sílaba seguinte[7],[x]:

altas	/u/		/i/
médias	/o/	/e/	
baixa		/a/→[ɐ]	
	posteriores	**central**	**anteriores**

18 AS VOGAIS PORTUGUESAS EM POSIÇÃO ÁTONA

Há em seguida para considerar a alofonia que resulta das posições átonas. Aí são bastante diferentes[xi] o vocalismo do português europeu (na base do dialeto de Lisboa) e o do português brasileiro (na base do registro formal do dialeto social culto na base da área do país cujo centro é o Rio de Janeiro).

Todos os fonemas vocálicos, em termos fonéticos, apresentam variação articulatória e auditiva, então. Mas o que essencialmente caracteriza as posições átonas é a redução do número de fonemas. Isto é, mais de uma oposição desaparece ou se suprime, ficando para cada uma um fonema em vez de dois. É o que Trubetzkoy tornou um conceito clássico em fonologia com o nome de **neutralização** (al. *Aufhebung*).

---

7. A nasalidade, que apreciaremos daqui a pouco, dessas vogais diante de consoante nasal na sílaba seguinte é um fenômeno fonético à parte.

O ponto mais impressivo da alofonia é o desaparecimento da vogal central baixa levemente anterior (clara ou não escura), que passa a abafada, ou seja, levemente posterior. Quanto à neutralização, ela é diversa segundo a modalidade de posição átona. Nas vogais médias antes de vogal tônica (**pretônicas**) desaparece a oposição entre 1º e 2º graus, com prejuízo daquele na área cujo centro é o Rio de Janeiro. Assim, há uma distinção, em posição tônica entre *forma* (com /ɔ/ tônico) e *forma* (com /o/ tônico): mas, não obstante, o adjetivo derivado do primeiro desses substantivos (*forma* com /ɔ/ tônico) é *formoso*, em que se tem /for/ por causa da posição átona (pretônica) da sílaba[xii].

Nas vogais médias não finais depois de vogal tônica (a primeira postônica dos proparoxítonos) há a neutralização entre /o/ e /u/, mas não entre /e/ e /i/. Aí, a grafia com <o> ou com <u> é uma mera convenção da língua escrita, pois o que se tem, na realidade, é /u/ (nos melhores poetas brasileiros *pérolas* rima com *cérula*, *estrídulo* com *ídolo* e assim por diante; CAMARA, 1953: 135s.). Ao contrário, há distinção entre /e/ e /i/, embora seja difícil encontrar pares opositivos mínimos (mas uma pronúncia */ˈnumiru/, em vez de /ˈnumeru/[xiii], para *número*, ou */ˈtɛpedu/, em vez de /ˈtɛpidu/, para *tépido*, é logo rechaçada). Já para a vogal átona final, seguida ou não de /s/ no mesmo vocábulo, há a neutralização entre /o/ e /u/ e entre /e/ e /i/. Assim, Bilac rima *Argus* com *largos*, *Vênus* com *serenos*, e um poeta catarinense[xiv], como Cruz e Souza, rima o lat. *clamavi* com *nave*, o it. *Bellini* com *define* (CAMARA, 1953: 129s.)[8].

Há assim, independentemente de se tratar sempre a rigor de alofones posicionais do correspondente fonema tônico, três quadros de vogais átonas para o português do Brasil:

---

8. Em Portugal, a neutralização entre /e/ e /i/ dá /e/ expresso pelo alofone posicional [ə] (<e> neutro). Numa ou noutra área do Sul do Brasil não há a neutralização e, por exemplo, *jure* (de jurar) se opõe a *júri* (tribunal popular); mas os pares opositivos são em muito pequeno número.

1º quadro (vogais pretônicas):

altas	/u/		/i/
médias		/o/	/e/
baixa		/a/	
	posteriores	**central**	**anteriores**

2º quadro (primeiras vogais postônicas dos proparoxítonos, ou vogais penúltimas átonas):

altas	/u/		/i/
médias		/../	/e/
baixa		/a/	
	posteriores	**central**	**anteriores**

3º quadro (vogais átonas finais, diante ou não de /s/ no mesmo vocábulo)[xv]:

altas	/u/		/i/
baixa		/a/	
	posterior	**central**	**anterior**

No registro informal do dialeto carioca, as oposições, no 1º quadro, entre /o/ e /u/, de um lado, e, de outro, entre /e/ e /i/, ficam prejudicadas pela tendência a harmonizar a altura da vogal pretônica com a da vogal tônica[xvi]. Souza da Silveira, em termos fonéticos, tratou com acuidade do fenômeno (SILVEIRA, 1937: 355)[xvii], chamando-o **harmonização vocálica**. A rigor, diante de /i/ ou /u/ tônicos, /e/ e /o/ só aparecem com firmeza em vocábulos inusitados na linguagem coloquial e por isso não encontradiços num registro informal, como *fremir*, e alguns outros. A distinção entre *comprido* ('longo') e *cumprido* ('executado') é, por exemplo, praticamente gráfica, pois a pronúncia corrente, por causa da harmonização no primeiro vocábulo, é nos dois vocábulos /kuN'pridu/.

É uma situação semelhante que se repete com /e/ e /o/ pretônicos em hiato com um /a/ tônico, como nos infinitivos *voar, passear* etc. O /i/ tende a substituir o /e/; e o /u/, o /o/, dando as pronúncias /vu'ar/, /pasi'ar/ etc. Em outros termos, as vogais altas **debordam** num e noutro caso as vogais médias correspondentes. É esse **debordamento** que Viggo Bröndal chama "cumulação", uma variação, ou melhor, flutuação dentro do sistema, que atrofia ou hipertrofia elementos dele (BRÖNDAL, 1943: 20s.).

Não há neutralização por duas circunstâncias. Em primeiro lugar, a oposição se recria para fins de clareza comunicativa, e, então, surge, por exemplo, /koN'pridu/, em contraste com /kuN'pridu/; ou /pe'ar/ ('embaraçar'), em contraste com /pi'ar/ ('soltar pios'); ou /so'ar/ ('fazer som'), em contraste com /su'ar/ ('verter suor'), e assim por diante. Em segundo lugar, com uma interferência do plano morfológico, a vogal média pretônica mantém-se firme em vocábulos derivados, paradigmaticamente associados aos vocábulos primitivos em que ela é tônica. Há a pronúncia /sir'vis/, ao lado do mais raro /ser'vis/, para a 2ª pessoa plural do verbo *servir* (também dito /sir'vir/ mais comumente que /ser'vir/), mas só /ser'vis/, como o singular /ser'vil/, para o plural do adjetivo derivado de *servo* /'sɛrvu/[xviii]. Analogamente, há /fu'ʎiɲa/ (*folhinha*), para 'calendário', mas só /fo'ʎiɲa/ para o diminutivo de *folha*.

19 O ESTATUTO DOS DITONGOS EM PORTUGUÊS

Resta uma derradeira posição átona para as vogais: a da chamada posição **assilábica**, quando a vogal, em vez de ser o centro da sílaba, fica numa de duas margens, como as consoantes. O resultado é uma vogal modificada por outra na mesma sílaba e constitui-se o que se chama o **ditongo**.

A descrição dos ditongos portugueses é uma parte da descrição dos tipos de sílaba em português, aos quais será dedicado um capítulo próprio neste livro. Desde já, entretanto, cabe apresentar duas questões preliminares referentes às vogais assilábicas[xix].

A primeira é a neutralização intensa que então se verifica. Todo o sistema vocálico passa a se resumir numa única oposição entre uma vogal anterior alta /i/, como em *pai* ou *sei* e uma vogal posterior alta /u/[xx] como *pau* ou *seu*. Há em seguida para considerar se a vogal assilábica não é, na realidade, uma consoante em português, uma vez que funciona como tal. Dois fonólogos da língua portuguesa adotam essa solução: Morais Barbosa (BARBOSA, 1965: 182s.) e Brian Head (HEAD, 1964: 96), embora o último reconheça que foneticamente se trata de vogais.

Esta segunda questão parece, à primeira vista, um tanto secundária. Considerar as vogais assilábicas como fonemas consonânticos é aumentar o número das consoantes portuguesas, mas em compensação diminuir os tipos portugueses de sílaba que cabe descrever. O contrário acontece se as interpretamos como alofones posicionais vocálicos.

Há, entretanto, uma consideração que me parece preponderante em favor desta última solução. Quero referir-me à possibilidade de se encontrar um "r"[xxi] brando depois de ditongo. Com efeito, esta consoante só existe em português entre vogais. Aí cria uma oposição com "r" forte, como já vimos nos pares *era:erra, caro:carro, foro:forro, coro:corro* e assim por diante. Já entre consoante e vogal, como em posição inicial, só há "r" forte (*guelra, Israel*, como *rato* etc.). Em face dessa propriedade fonêmica do "r" fraco, a sua presença entre ditongo e vogal, como em *Laura, eira, europeu* e assim por diante, nos força a interpretar a vogal assilábica, mesmo em termos fonêmicos, como vogal (alofone assilábico de uma vogal) e, nunca, como uma consoante.

20 O ESTATUTO DA NASALIDADE VOCÁLICA EM PORTUGUÊS

Um problema análogo em português é o das chamadas "vogais nasais".

A língua portuguesa se caracteriza, entre as línguas românicas, por uma emissão nasal das vogais muitas vezes. O mesmo fato se apresenta em francês, mas em condições fonológicas um tanto diversas, como veremos mais tarde. Nas demais línguas românicas, o que a fonética apurada registra é uma leve nasalação de uma vogal em contato com uma consoante nasal da sílaba seguinte, no mesmo vocábulo. Já vimos que nessa posição as vogais portuguesas, no Brasil, sofrem uma redução, mesmo do seu quadro tônico, com [ɐ] abafado (levemente posterior) e a neutralização das oposições /ɛ/:/e/ e /ɔ/:/o/ em proveito das médias de 2º grau. Vemos agora que, como nas demais línguas românicas, também podem ficar nasaladas[xxii].

Mas não há equivalência entre as duas emissões nasais. O segundo tipo de nasalidade não funciona para distinguir formas, e não é, portanto, de natureza fonológica. É no que insiste com toda a razão o foneticista e fonólogo sueco Bertil Malmberg num seu livrinho clássico (MALMBERG, 1963: 37).

A ressalva tem muita importância porque o português, ao lado da nasalidade fonológica, também pode ter essa nasalidade ocorrente por assimilação à consoante nasal de uma sílaba seguinte. É preciso assinalar, portanto, que uma nasalidade como de *junta*, oposto a *juta*, ou de *cinto*, oposto a *cito*, ou de *lenda*, oposto a *leda*, e assim por diante, não se deve confundir com uma pronúncia levemente nasal da primeira vogal de *ano*, ou de *cimo*, ou de *uma*, ou de *tema* etc., em que o falante tende a antecipar o abaixamento do véu palatino, necessário à emissão da consoante na sílaba seguinte, e emite já nasalada a vogal precedente. Aí, não há oposição entre a vogal nasalada e a vogal, também possível, sem qualquer nasalação. Com a nasalação, ou sem ela, aparecerão sempre as mesmas formas vocabulares: *ano*, *cimo*, *uma*, *tema* etc.

A preocupação fonética naturalística que, mesmo inconsistentemente, se manifesta hoje, cada vez mais, no nosso ensino escolar, tem levado alguns autores a uma teoria das vogais nasais que inclui os dois casos.

A perturbação daí resultante é enorme, porque o falante espontâneo "não sente" no segundo caso uma nasalidade que não é funcionalmente válida. O gramático, à maneira da criada de Ali Babá, marca com cruz vermelha todas as portas e já não assinala o valor fonêmico das vogais nasais em português.

Diante de uma possível nasalação que é meramente mecânica e fonética (sem efeito para distinguir formas da língua) e uma nasalação que se opõe distintivamente a não nasalação, é preciso encontrar um traço específico que caracterize as vogais que são nasais em termos fonêmicos. São elas as únicas vogais nasais portuguesas que merecem tal classificação.

O meu ponto de vista, já antigo (CAMARA, 1953: 89s.), que ainda não foi aceito pacificamente, é que se deve procurar esse traço distintivo na constituição da sílaba. Em outros termos: a vogal nasal fica entendida como um grupo de dois fonemas que se combinam na sílaba – vogal e elemento nasal.

Dentro dessa interpretação, a vogal nasal portuguesa vai ser descrita aqui, quando chegarmos à descrição da sílaba, como se deve fazer para o ditongo, para os grupos de consoantes, para os grupos de vogal mais consoante.

Isto posto, procuremos apreciar o segundo tipo de fonemas portugueses, que já citamos: as consoantes.

21 AS CONSOANTES DO PORTUGUÊS

Também aí é preciso considerar a posição mais favorável ao desdobramento de todo o elenco de consoantes.

Essa posição é a de primeira consoante antes da vogal da sílaba. Como tal, pode ser intervocálica, separando duas sílabas, ou não intervocálica, quer em início de vocábulo, quer medial, depois de outra consoante da sílaba precedente.

As consoantes intervocálicas, em português, apresentam uma articulação um tanto enfraquecida pelo ambiente vocálico em cujo meio se acham. São por isso alofones posicionais das não intervocálicas correspondentes, de articulação muito mais firme. Em compensação, certas consoantes faltam em posição não intervocálica: "r" brando (/ɾ/) e /ʎ/ e /ɲ/ palatais, ou "molhados", que, em posição intervocálica, figuram, por exemplo, em *aro, alho, anho*. Podemos dizer que em posição não intervocálica há uma neutralização das oposições entre "r" forte e "r" brando; entre líquida dental /l/ e líquida palatal, ou molhada[9], /ʎ/, e entre nasal dental /n/ e nasal palatal, ou molhada, /ɲ/, em proveito do primeiro membro de cada par. Há, apenas, exemplo de um ou outro vocábulo de /ʎ/ e /ɲ/ palatais, ou molhados (de origem estrangeira), em posição inicial, como *lhama* ('animal andino'), oposto a *lama*, ou *nhata* oposto a *nata*. Mas não há nenhum "r" brando inicial e nenhuma das três consoantes se apresenta como medial não intervocálica[xxiii].

Partindo, portanto, da posição intervocálica, obtemos dezenove fonemas consonânticos portugueses, assinalados por numerosas séries opositivas. Eis um exemplo para cada série[xxiv]:

/p/:/b/	/t/:/d/	/k/:/g/
roupa:rouba	*rota:roda*	*roca:roga*
/f/:/v/	/s/:/z/	/ʃ/:/ʒ/
mofo:movo	*aço:azo* (ou *assa:asa*)	*acho:ajo* (ou *queixo:queijo*)
/m/:/n/:/ɲ/		
amo:ano:anho		
/l/:/ʎ/		
mala:malha		
/r/:/ɾ/		
erra:era		

O critério para as oposições distintivas poderia ser, evidentemente, qualquer outro com qualquer outra distribuição das dezenove consoantes entre si. O que aqui se escolheu partiu da distribuição usual, já referida,

---

9. Aplicação metafórica, que se iniciou em francês, pela associação entre o umedecimento e o seu efeito (amolecimento). As consoantes molhadas, também ditas "moles", se opõem às "duras" (GRAMMONT, 1933: 79). O termo é hoje universal. O fenômeno decorre de uma **iotização** (intromissão de uma articulação /i/) nas consoantes duras, "obtida pela elevação da parte média do dorso da língua em direção ao palato duro" (VACHEK, 1960: 25).

em consoantes oclusivas, constritivas, nasais, laterais e vibrantes. Nas oclusivas e constritivas, opõe-se a consoante **surda** (quando não há vibração das cordas vocais) e a consoante **sonora**[xxv] (quando há essa vibração). Em seguida alinharam-se os pares a partir dos lábios até a parte extrema do fundo da boca, onde em cada ordem há articulação em português. Isto dá, para as oclusivas, em termos articulatórios estritos, a série labial, a série dental e a série **velopalatal** (pois /k/ e /g/ se articulam no véu palatino diante de /a/ ou vogal posterior, mas ao contrário no extremo final do palato duro, ou pós-palato, diante de vogal anterior). Para as constritivas temos, analogamente, uma série labial (labiodental, articulada com a arcada dentária superior e o lábio inferior, e não com os dois lábios, como sucede com as oclusivas), dental (a rigor, alveolar, articulada com o pré-dorso da língua e os alvéolos, em vez de com a ponta da língua e os dentes superiores), palatal (com o médio-dorso da língua e o palato médio)[xxvi].

Nas demais ordens, só constituídas de consoantes sonoras, temos a nasal labial (articulada com os dois lábios), a dental (a ponta da língua junto aos dentes superiores) e a palatal (médio-dorso da língua com palato médio), em combinação com uma ressonância nasal pelo abaixamento da úvula e consequente ligação entre a boca e as fossas nasais. As duas outras séries não dispõem de articulação labial (em sentido estrito, os dois lábios; ou lato, a arcada dentária superior e o lábio inferior). São todas consoantes **linguais**, em que intervém a articulação da língua. A sua ponta toca os dentes superiores, ficando os seus lados caídos, ou, com o mesmo movimento dos lábios, o médio-dorso central da língua se estende no médio-palato, respectivamente, para as laterais /l/ e /ʎ/. Já nas vibrantes a língua vibra, quer num só golpe junto aos dentes superiores, para /ɾ/ brando, quer, para o /r/ forte, em golpes múltiplos junto aos dentes superiores, ou em vibrações da parte dorsal junto ao véu palatino, ou em vez da língua há a vibração da úvula, ou se dá além do fundo da boca propriamente dita uma fricção faríngea.

22 UM OUTRO ARRANJO PARA AS CONSOANTES

Já vimos, entretanto, que essa divisão e consequente classificação das consoantes, embora usual, é por demais fonética, e, segundo a metáfora de Jakobson, traz para a fonologia a fonética "com pele e ossos, por assim dizer".

Do ponto de vista fonológico, e auditivo antes que articulatório, oclusivas e fricativas têm em comum a circunstância de serem francamente consonânticas (com um efeito auditivo de forte embaraço à corrente de ar, que nas oclusivas é o de uma plosão, e nas constritivas o de uma fricção). Temos assim os fonemas consonânticos puros, plosivos e fricativos, respectivamente. As nasais, laterais e vibrantes se associam por uma combinação do consonântico com o vocálico (**sonântico**). Nas nasais há ressonância nasal; nas outras duas séries só há ressonância oral, diferindo entre si pelo ruído de oclusão parcial (/l/ e /ʎ/) e pelo de vibração (/r/ e /ɾ/).

Além disso, como já vimos, há a câmara oral de ressonância indivisa, voltada para fora nas labiais, e voltada para dentro, nas **póstero-linguais** (ou posteriores abreviadamente). E há a câmara de ressonância oral dividida em duas partes, com uma oclusão ou uma constrição na parte anterior da boca. Isto nos dá as consoantes **não linguais**, que só se encontram entre as oclusivas (ou melhor, plosivas), entre as constritivas (ou melhor, fricativas) e nas nasais (/m/). Dá-nos ainda as consoantes anteriores (câmara de ressonância dividida em duas partes) e as posteriores (câmara de ressonância una, voltada para dentro). As consoantes anteriores são claras, como vimos, com Helmut Lüdtke, suceder com as vogais anteriores. As consoantes labiais (câmara de ressonância una, voltada para fora) e as posteriores (câmara de ressonância una, voltada para dentro) são escuras ou abafadas.

Se admitirmos como normal no português hodierno o /r/ forte não dental múltiplo, ele é uma consoante posterior, oposta ao /ɾ/ brando. Por outro lado, considerando o ponto extremo da câmara de ressonância como indo desde o palato médio até a parte mais funda da boca, classificaremos como posteriores a nasal e a lateral palatal (/ɲ/ e /ʎ/), respectivamente.

Tudo isso nos dá um quadro das dezenove consoantes portuguesas em grupos triangulares como propus, sem tão longas considerações, desde 1948 (CAMARA, 1953: 104); separando, nas plosivas e fricativas, as surdas das sonoras:

/p/	/b/	/f/	/v/	/m/		
/t/	/d/	/s/	/z/	/n/	/ʎ/	/ɾ/
/k/	/g/	/ʃ/	/ʒ/	/ɲ/	/ʎ/	/r/

23 CONSOANTES EM POSIÇÃO NÃO INICIAL

O quadro das consoantes[xxvii] se simplifica drasticamente quando a consoante é o segundo elemento de um grupo consonântico pré-vocálico.

Aí só figuram as laterais e vibrantes anteriores. Criam-se então contrastes, como entre *bloco:broco* ('1ª pes. ind. pres. do verbo *brocar*'), *atlas:atras* ('fem. pl. de *atro*'), *clave:crave* ('subj. de *cravar*'), *fluir* ('correr'):*fruir* ('gozar'). Os demais grupos, que entram em vocábulos estrangeiros no português do Brasil, logo se desfazem, com a intercalação de uma vogal, como *sinuca* (do ing. *snooker* 'um tipo de jogo de bilhar'), *sulipa* (ing. *sleeper* 'dormente de estrada de ferro'). Há, apenas, mesmo no registro formal a possibilidade de um grupo inicial /st/ (como no verso de Castro Alves "Stamos em pleno mar", em que o verbo inicial é um dissílabo) e na oposição (não um par distintivo mínimo) entre o nome próprio feminino *Stela* e o substantivo *estrela*.

Um e outro contraste são muito precários nos dialetos sociais inferiores e mesmo num registro muito familiar. Então, no grupo /st/ suprime-se o /s/ inicial (tornando-se homônimos, por exemplo, a forma verbal *teve* do verbo *ter* e *esteve* do verbo *estar*, naqueles, e, neste, reduzindo-se a *tá*, como equivalente de *sim*, a forma verbal *está*, ou seja, *está combinado*). Nos grupos de líquida como segundo elemento consonântico, há nos dialetos sociais populares o rotacismo do /l/, que o muda em /ɾ/.

Em posição pós-vocálica, pode parecer, por insinuação do uso da língua escrita, que há a possibilidade de muitas consoantes, como sugerem as grafias *ritmo*, *apto*, e assim por diante. Mas é uma ilusão, como veremos ao apreciar a estrutura da sílaba, em particular no português do Brasil.

Na realidade, as únicas consoantes pós-vocálicas possíveis são as líquidas (*mar*, *mal*) e as fricativas não labiais (*pasta*, *rasgo*, *folhas* etc.). Ainda assim, há duas circunstâncias que limitam a dupla possibilidade[xxviii].

Em primeiro lugar, o /l/[xxix] pós-vocálico é posterior por alofonia posicional. Isto quer dizer que, além do movimento da ponta da língua junto aos dentes, há um levantamento do dorso posterior da língua para junto do véu palatino, dando o que provavelmente os gramáticos latinos chamavam[xxx] "<l> *pinguis*" ou "gordo". Daí decorre uma mutação, que em linguística diacrônica se chama a **vocalização** da consoante: cessa a elevação da ponta da língua junto aos dentes, a elevação posterior do dorso da língua não chega a interromper a corrente de ar, e há um concomitante leve arredondamento dos lábios. O resultado é um /u/ assilábico, e *mal* torna-se homônimo de *mau*, *vil* de *viu* e assim por diante. Em outros termos, desaparece da língua o /l/ pós-vocálico, ficando como tal, apenas, entre as líquidas o /r/[xxxi] (que no português do Brasil é então do tipo "forte" – velar, uvular ou faríngeo).

Em segundo lugar, as quatro sibilantes portuguesas se reduzem a uma única, ou antes a duas, mas a neutralização da oposição entre elas fica:

a) surda diante de pausa ou de consoante surda (ex.: *apanhe as folhas!* /a'pãɲIas'foʎas/);

b) e sonora diante de consoante sonora (ex.: *que rasgão!* /kiraz'gauN/[xxxii].

Quanto à oposição entre consoante anterior (ou seja, sibilante) e posterior (ou seja, chiante), ela cessa em proveito de uma das modalidades, conforme o dialeto regional. É um *shibboleth*[10] entre o português do Rio

---

10. "Palavra que serviu como teste para distinguir os Efraimitas dos Gibeonitas" [na Judeia antiga]. "Os homens de Jefté ocupavam o passo do Jordão, com ordens de não deixar nenhum Efraimita cruzá-lo. O Efraimita que tentasse cruzá-lo era intimado a dizer Shibboleth [<sh> = /ʃ/] que pronunciava Sibboleth" (*The Modern Encyclopedia*, edited by A.H. McDonnald, 1934: 1082).

de Janeiro e quase todo o resto do Brasil, bem como Portugal, e o português de São Paulo, Paraná e Rio Grande do Sul: ali se tem a chiante (surda ou sonora segundo a posição acima comentada); aqui se tem a sibilante (também surda ou sonora nas mesmas condições). Podemos então falar numa neutralização entre as quatro consoantes em proveito de um único traço distintivo permanente: a fricção produzida pela língua. O resultado de uma neutralização é o que Trubetzkoy e seus companheiros do Círculo Linguístico de Praga popularizaram com o nome de **arquifonema**, "simbolizado pelo fonema não marcado" de uma oposição (VACHEK, 1960: 18). A sua representação convencional em transcrição fonêmica é pela letra do fonema não marcado em maiúscula; no nosso caso, /S/.

É também como arquifonema nasal (só marcado pela ressonância nasal e não pelas modalidades do embaraço na boca) que, como já aludimos, convém postular fonemicamente o elemento consonântico nasal pós-vocálico, nas chamadas vogais nasais portuguesas, cuja transcrição fonêmica fica, pois, /aN/, /eN/, /iN/, /oN/, /uN/[xxxiii].

Nessas condições, podemos agora levantar o quadro das consoantes portuguesas em posição pós-vocálica:

Consoantes pós-vocálicas			
/S/	/N/	(/l/)	/r/

No capítulo seguinte, sobre as estruturas da sílaba portuguesa, apreciaremos de espaço a distribuição dos fonemas assilábicos, marginais da sílaba (vogais assilábicas e consoantes) em volta do centro da sílaba ou vogal silábica.

As estruturas da sílaba em português

24 VOGAIS E CONSOANTES NA ESTRUTURA SILÁBICA EM PORTUGUÊS

Como já observei alhures, a sílaba é uma divisão espontânea e profundamente sentida, na segunda articulação. Os seus tipos de estrutura marcam caracteristicamente as línguas. Não é, a bem dizer, o fonema, mas a sílaba que é "a estrutura fonêmica elementar" (JAKOBSON, 1967: 133).

Do ponto de vista fonético, entretanto, tem sido um árduo problema definir a sílaba. Tem-se partido do efeito auditivo (**sílaba sonora**), da força expiratória (**sílaba dinâmica**), do encadeamento articulatório na produção contínua dos sons vocais (**sílaba articulatória**, descrita por Saussure numa parte importante do seu *Curso* – SAUSSURE, 1922: 77s.), da tensão muscular durante essa série de articulações (**sílaba intensiva**, desenvolvida por Grammont, na base implícita das sugestões de Paul Passy, para complementar a teoria articulatória de Saussure – GRAMMONT, 1933: 97s.) ou do jogo da musculatura peitoral, como estabeleceu Stetson numa elaboração mais rigorosa do conceito de sílaba dinâmica (STETSON, 1951).

De todos esses pontos de vista, resulta como denominador comum um movimento de ascensão, ou crescente, culminando num ápice (o **centro silábico**) e seguido de um movimento decrescente, quer se trate do efeito auditivo, da força expiratória ou da tensão muscular, focalizados nessas diversas teorias. Por isso é normalmente a vogal – como o som vocal mais sonoro, de maior força expiratória, de articulação mais aberta e de mais firme tensão muscular – que funciona em todas as línguas como centro de sílaba, embora algumas consoantes, particularmente as que chamamos *sonantes*, não estejam necessariamente excluídas dessa posição.

A estrutura da sílaba depende desse centro, ou ápice, e do possível aparecimento da fase crescente, ou da fase decrescente, ou de uma e outra em volta dele, ou seja, nas suas margens ou encostas.

Se chamarmos simbolicamente **V** o centro da sílaba e **C** um elemento marginal, teremos os tipos silábicos:

V (sílaba simples),

CV (sílaba complexa crescente),

VC (sílaba complexa decrescente), e

CVC (sílaba complexa crescente-decrescente)[xxxiv].

Conforme a ausência ou a presença do elemento marginal à direita (isto é, **V** e **CV**, de um lado, e, de outro, **VC** e **CVC**), temos a sílaba aberta, ou melhor, livre, e a sílaba fechada, ou melhor, travada[xxxv].

Em português, a vibrante /r/, a lateral /l/ (em regra um alofone posicional posterior), o arquifonema fricativo labial /S/ e o arquifonema nasal /N/ (nas chamadas vogais nasais) é que funcionam na parte decrescente da sílaba. Um desses elementos seguido de outra consoante que não seja a constritiva dental /S/ marca o término de uma sílaba decrescente; ex.: *par-te, pers-pe-ti-va, sol-to, sols-tí-ci-o, pas-ta, can-to*. Já sabemos, por outro lado, que há em português, como alofones assilábicos, as vogais altas /i/ e /u/ (*pei-to, pau-ta*). Se eles funcionam como **C**, são, não obstante, de natureza **V**, e surge o problema de representar tais sílabas como **CVC** ou **CVV**. É muito mais do que uma mera questão de alternativa de representação. Em **(C)VC** pressupõe-se uma sílaba travada, enquanto que em **(C)VV** está contido o conceito de sílaba livre (donde a possibilidade, como já vimos, de um /ɾ/ brando entre ela e outra vogal, como em *aurora, europeu*).

Em outros termos, a vogal assilábica se interpreta no primeiro caso como fase decrescente de sílaba, mas no segundo[xxxvi] caso como modificação final do seu centro. A facilidade com que se passa em português de um ditongo a um monotongo (/ou/ pronunciado [o], por exemplo, fora do registro formal mesmo dentro do dialeto social dito "culto") e a variação livre da divisão silábica na sequência átona de qualquer vogal e vogal alta (*vai-da-de* ou *va-i-da-de*), ou mesmo a fácil passagem de /i/ assilábico a /e/ e /u/ assilábico a /o/ (como no vocativo infantil *papaê!*) justificam a segunda solução. Só se pode alegar em favor da primeira solução a relutância (entretanto não absoluta) à **sinérese**, isto é, à contagem como uma só sílaba métrica de um ditongo seguido de outra vogal (ex.: *cai-a-do*, de preferência a *caia-do*). Isto quanto ao ditongo chamado **decrescente**, em que a vogal assilábica vem depois da vogal silábica. Para o ditongo **crescente**, de disposição inversa, a situação é muito mais clara. Aí, a variação livre entre ditongo e duas sílabas de vogais contíguas (*su-ar* ou *suar*, *su-a-dor* ou *suador*, por exemplo) é a situação geral.

A interpretação da vogal assilábica como **V**, na parte terminal do centro silábico, apenas determina um pequeno problema de transcrição fonêmica. Como distinguir em *peito* ou *pauta*, por exemplo, um dissílabo, e não um trissílabo, na transcrição /'peitu/, /'pauta/, correspondente a **CVVCV**, sempre? A solução me parece estar no caráter de emissão reduzida, que é um traço acompanhante da vogal assilábica. Por isso, a vogal assilábica também é chamada com razão **semivogal**, ou seja, uma vogal pela metade. Partindo-se dessa consideração, é bastante indicar a vogal assilábica por uma letra exponencial, isto é, em nível superior ao da vogal silábica (ex.: /'pe^{i}tu/, /'pa^{u}ta/).

25 O ESTATUTO DOS DITONGOS EM PORTUGUÊS

Outro problema, singularmente sério para a descrição da estrutura silábica em português, é decidir se realmente temos ditongos em nossa língua. Em outros termos, se fonemicamente a sequência, considerada em regra ditongo, não pode ser interpretada sempre como **hiato**, ou seja, duas vogais silábicas contíguas.

A solução só pode estar na existência, ou não, de pares opositivos nesse sentido em português.

As nossas gramáticas costumam opor para isso pares como *sai* ('3ª pessoa singular do indicativo presente de *sair*') e *saí* ('1ª pessoa singular do pretérito perfeito de *sair*'[xxxvii]), e assim por diante. Mas é claro que não se trata em tais casos de pares opositivos mínimos. A diferença está em vogal tônica seguida de vogal átona (*sai*, *pais*, 'pl. de *pai*') e vogal átona seguida de vogal tônica (*saí*, 'pret. perf. de *sair*', *país* 'região'). A sequência acentual tem de ser a mesma para os dois membros do par.

Foi o que sentiu Gonçalves Viana, quando, numa implícita antecipação fonêmica, opôs *Deus* /de^{u}s/ a *dê-os* /'deus/ (VIANA, 1904: 131). No dialeto da área do Rio de Janeiro, que é a base da nossa descrição, há também casos como *rio* /'riu/ ('substantivo ou 1ª pessoa singular do indicativo presente de *rir*') e *riu* /ri^u/ ('3ª pessoa singular do pretérito perfeito de *rir*'[xxxviii]). Pode-se ainda alegar uma distinção, a meu ver posta em dúvida sem razão pelo professor Francis Rogers (ROGERS, 1954: 505)[11],[xxxix] entre o subjuntivo presente da 1ª conjugação (ex.: *arrue*[xl], de *arruar*) e o indicativo presente dos verbos da 3ª conjugação em *-uir* (cf. a oposição parcial *atue:constitui*) e um nome próprio como *Rui* (cf.: *arrue* /a'rui/ *versus ...a Rui* /aru^i/).

A essa luz, podemos afirmar que o ditongo, inegável em certas áreas como o Rio de Janeiro, não é um traço fonêmico geral do português e falta em outras áreas, como Lisboa, em Portugal, e Rio Grande do Sul, no Brasil. É um aspecto precário da língua portuguesa, como me disse em conversa a linguista norte-americana Sarah Gudschinsky.

Aceitando-o em português, mas só quando um dos elementos vocálicos é tônico (dois elementos vocálicos átonos criam variação livre), podemos enumerar onze ditongos decrescentes e um, muito restrito, crescente.

---

11. Na realidade, Rogers parece negar em princípio a existência fonêmica do ditongo em português.

• Ditongos decrescentes:

1. /a^i/: *pai*;

2. /a^u/: *pau*;

3. /ɛ^i/: *papeis* (só diante de /S/);

4. /e^i/: *lei*;

5. /ɛ^u/: *céu*[xli];

6. /e^u/: *ateu*;

7. /i^u/: *riu*;

8. /ɔ^i/: *moi*;

9. /o^i/: *boi* (cf. o par opositivo *boi* 'o quadrúpede ruminante':*bói* 'moço de recados' por empréstimo ao inglês);

10. /o^u/, monotongado no registro informal em /o/: *vou*[12];

11. /u^i/: *fui*.

Com a vocalização do /l/ pós-vocálico ([ɫ]), temos um duodécimo ditongo:

12. /ɔ^u/: *sol*, pronunciado /sɔ^u/.

• Ditongo crescente:

A vogal assilábica /u/ depois de plosiva velar[xlii] diante de vogal silábica: /(k,g)^u (a,ɛ,e,i,ɔ,o)/, como em *qual* (cf. o par opositivo *quais* (/k^{u}a^{i}s/): *coais*, do verbo *coar* /ku'a^{i}s/, onde um ditongo crescente e um decrescente com uma única vogal silábica produz o que se chama tradicionalmente um "tritongo", em português[xliii]).

26 A SÍLABA NOS VOCÁBULOS DE ORIGEM ERUDITA

Restam dois problemas muito importantes para a fixação das estruturas silábicas portuguesas.

---

12. Ou mesmo no registro formal, como nas rimas *vou* e *avô*, de Manuel Bandeira, ou *Mirabeau* e *tocou* em Castro Alves (CAMARA, 1953: 138).

O primeiro se refere aos vocábulos, diacronicamente de origem "erudita" (isto é, introduzidos através da língua escrita, a partir do século XV, como empréstimos ao latim clássico). São os de tipo *compacto, apto, ritmo, afta,* e assim por diante. Aí aparece na grafia uma plosiva ou uma fricativa labial imediatamente seguida de uma plosiva, uma fricativa labial ou uma nasal, sendo ambas as consoantes pronunciadas, às vezes até em pares distintivos como em *pacto* ('acordo'):*pato* ('ave').

A gramática tradicional e mesmo a fonética rigorosa de Gonçalves Viana veem na primeira consoante uma consoante decrescente e a fronteira silábica entre elas. Em outros termos, consideram aí mais um caso de sílaba travada em português. Em 1948, ao contrário (CAMARA, 1953: 111), alvitrei que se tratava de um grupo consonântico crescente, sendo a vogal a eles precedente o centro de uma sílaba livre (isto é: *com-pa-cto, a-pto, ri-tmo, a-fta,* ou *pa-cto* oposto a *pato*). Bem mais tarde, Morais Barbosa adotou a mesma interpretação para o português europeu (BARBOSA, 1965: 211). Os adeptos da primeira teoria, em verdade, esquecem que existem grupos desses iniciais de vocábulos, como em *ptose, pneumático, psicologia, tmese* etc., como aleguei em 1948. Nenhuma diferença articulatória ou auditiva há nesses grupos numa e noutra posição.

Hoje, entretanto, parece-me a correta outra solução, desenvolvida num artigo ainda inédito[13]. Na realidade há entre uma e outra consoante a intercalação de uma vogal, que não parece poder ser fonemicamente desprezada, apesar da tendência a reduzir a sua emissão no registro formal da língua culta. Ela é /i/ na área do Rio de Janeiro e /e/ ([ə] neutro) em Portugal. E não pode ser desprezada por dois motivos.

Em primeiro lugar, quando a primeira consoante vem depois de sílaba tônica, a sua redução não é menor do que a que sofre a vogal postônica /i/, não final, dos proparoxítonos. Um vocábulo como *rapto* só se distingue de

---

13. "Muta cum muta in Portuguese?", numa *Miscelânea* em homenagem a André Martinet, organizada nos Estados Unidos da América por Alphonse Juilland.

rápido pelo caráter surdo e sonoro, respectivamente, da última consoante, e, não, pela redução da prolação menos ou mais reduzida do /i/ penúltimo átono. Em segundo lugar, mesmo quando pretônico, a redução do /i/ é precária e incoerente. Um nome próprio como *Djalma*, bastante generalizado entre nós, é conscientemente pronunciado /di'ʒalma/, e na própria métrica, onde a convenção é não contar aí uma sílaba separada, entre os nossos melhores poetas essa contagem frequentemente se faz, como já observou Sousa da Silveira (SILVEIRA, 1937: 352). Na verdade, a produção[xliv] do /i/ pretônico neste caso é muito lábil, mesmo no registro mais formalizado. Mesmo aí, uma conjugação *ritmo, ritmas, ritma*, para o verbo *ritmar*, logo se afigura artificial e pedante. Aceita-se sem maior estranheza *ritimo, ritimas, ritima*, de acordo com a regra geral morfológica que opõe a forma verbal paroxítona ao nome deverbal proparoxítono (no exemplo específico *ritmo*)[14].

O argumento de Robert Hall, que me impressionou em 1948 (CAMARA, 1953: 112), no sentido de que com essa interpretação ficariam acentuados na quarta última vocábulos como *técnica* e *áptero*, hoje não me parece nada convincente. Há vocábulos em português acentuados na quarta última (verbos proparoxítonos com pronome enclítico, como *falávamos-te*) e, de qualquer maneira, só cabe admitir que com esses vocábulos de origem diacrônica erudita ficou alterada a pauta acentual tradicional da língua portuguesa (oxítonos, paroxítonos e proparoxítonos, apenas)[15].

Quando a consoante aparentemente pós-vocálica está em posição final de vocábulo, é pacífica a admissão de uma vogal formando nova sílaba (/i/ na área do Rio de Janeiro, /e/ numa ou noutra área brasileira e [ə] neutro em Portugal). Por isso, o poeta carioca Raul de Leoni, parnasiano, rima *Liliput* com *lute* (CAMARA, 1953: 149), e o poeta português Guerra

---

14. Entretanto, o normal é *rapto, raptas* etc., /'rapito/, /'rapitas/ etc., para *raptar*, porque a vogal da raiz é muito diferente do /i/ intercalado para perder o seu *status*.

15. Hall deve ter sido influenciado em suas conclusões pela sua informante, uma professora espírito-santense, que parece ter adotado nas sessões de registro uma pronúncia altamente artificial, elidindo anormalmente o mais possível a vogal intercalada.

Junqueiro conta a onomatopeia *toc-toc-toc* com seis sílabas para fazer um verso de onze sílabas métricas:

Toc-toc-toc, como se espaneja
Lindo o jumentinho pela estrada chã![16]

Até a ortografia oficial "aportuguesa" *club* para *clube*, *snob* para *esnobe* etc. Há apenas, depois de consoante surda, a possibilidade de uma vogal alofônica surda (isto é, sem vibração das cordas vocais), o que a torna quase inaudível.

27 A ESTRUTURA SILÁBICA DE VOGAIS NASAIS

Já vimos que, além da sílaba travada por /l/, /r/ e /S/, há em português um quarto tipo de sílaba[xlv] travada, em virtude da interpretação que aqui se propôs para a chamada "vogal nasal". Segundo essa interpretação, é uma vogal travada por um elemento nasal. Trata-se, como para /S/, de um arquifonema /N/, que se realiza como /m/ diante de consoante labial na sílaba seguinte, como /n/ diante de consoante anterior nas mesmas condições e como um alofone [ŋ] posterior diante de consoante[xlvi] posterior: *campo, lenda, sangue*. Isto, ou seja, a existência fonética de um elemento consonântico nasal nessas condições, foi observado desde Gonçalves Viana para "a pronúncia normal portuguesa" e é extensiva, sem a menor dúvida, ao Brasil (CAMARA, 1953: 90). Morais Barbosa repete recentemente a observação de Gonçalves Viana, estendendo-a ao caso de vogal nasal seguida de sibilante e comprovando-a com a fonética experimental (BARBOSA, 1965: 86)[xlvii].

Diante de pausa, pode-se dizer que o elemento consonântico nasal se esvai, ou, em termos fonológicos, se reduz a zero, tornando-se então distintiva a nasalidade que, em consequência dele, envolve a vogal. Mas, no português do Brasil, pelo menos, sabemos, desde um artigo pioneiro de Oskar Nobiling, baseado na pronúncia de São Paulo, que subsiste o elemento

---

16. *Os simples*, parceria com Antônio Maria Pereira. Lisboa, 1924: 25.

nasal consonântico pós-vocálico diante de pausa (NOBILING, 1904). Esse elemento costuma ser interpretado como o de uma ditongação, que tem sido especialmente posta em relevo para /eN/ final, entendido como um ditongo nasal ([bẽⁱ]). Ora, a semivogal é para Nobiling a consoante /ɲ/.

O único argumento contra a existência fonética da consoante nasal e a consequência da presença fonológica de um arquifonema nasal /N/, a rigor, é que na vogal nasal portuguesa nós "sentimos" a nasalidade que envolve a vogal e "não sentimos" o elemento consonântico pós-vocálico imediatamente seguinte. É um argumento de ordem psicológica e não de ordem estrutural. Ora, a Linguística moderna, e dentro dela a Fonêmica ou Fonologia, põe de lado essa espécie de fundamentação, que faz apelo ao "sentimento" do falante. Cabe aqui a advertência de Hjelmslev no sentido de que a língua é uma estrutura, de que falantes podem ter uma compreensão inexata ou deficiente (HJELMSLEV, 1935: 88).

A nasalidade pura da vogal não existe, aliás, fonologicamente, porque por meio dela não se cria oposição em português entre vogal pura envolvida de nasalidade e vogal seguida de consoante nasal pós-vocálica. A nossa situação, neste particular, é diversa do francês, onde uma vogal puramente nasal como em /bõ/, escrito *bon*, se opõe[xlviii] ao feminino /bon/, escrito *bonne*.

Em face de tudo isso, é preferível partir do arquifonema nasal /N/ como o fato estrutural básico, que acarreta, como traço acompanhante, a ressonância nasal da vogal.

É, com efeito, a melhor doutrina gramatical no assunto. Oferece melhor adequação com outros fatos a ele referentes.

Em primeiro lugar, a sílaba com a vogal dita "nasal" se comporta como sílaba travada por consoante. Prova-o a repugnância à crase. Em Portugal, onde é regra a elisão da vogal final diante de outra vogal no vocábulo seguinte (*grand'amor* etc.), elisões[xlix] são fenômenos que "em regra não são atestados entre duas vogais, cuja primeira é nasal, em *lã azul* por exemplo" (BARBOSA, 1965: 93), ou em *jovem amigo, bom homem* e assim por diante. Em segundo lugar, depois de vogal nasal só se realiza um /r/ forte e nunca o /ɾ/ brando próprio exclusivamente da posição intervocálica. Isto, que eu disse desde 1948, é repetido com outras palavras por Morais Barbosa, comentando a pronúncia obrigatória de *genro, honra* etc. (BARBOSA, 1965: 92). Finalmente, no interior de vocábulo, não há em português vogal nasal em hiato. Ou a nasalidade que envolve a vogal desaparece, como em *boa*, em face de *bom*, ou o elemento consonântico nasal se desloca para a sílaba seguinte, como em *valentona*, em face de *valentão* (teoricamente */valeN-toN/) ou no pronome *nenhum*, em face da locução *nem um*. Assim, não haver vogal "nasal" em hiato, dentro de um vocábulo, equivale a dizer que o arquifonema nasal, se subsiste, se comporta como qualquer consoante nasal intervocálica: pertence à sílaba seguinte (*uma*, e não *um-a*, como *a-sa*, *a-ço*, *a-la*, *a-ra* etc.).

Finalmente, é importante repetir aqui que há outro tipo de vogal nasal determinado pela assimilação à consoante nasal da sílaba seguinte. Aí, como já ressaltamos, não há oposição distintiva, para *cama* por exemplo, nas duas pronúncias possíveis ['kamɐ] e ['kɐ̃mɐ]. Tanto vale dizer que a nasalação vocálica, ou ressonância nasal na emissão da vogal, não é em português um fato fonológico ou fonêmico. O que dá *status* fonológico às oposições *minto:mito, junta:juta* etc. deve ser, portanto, outro traço que não a mera ressonância nasal da vogal. É justamente o travamento por um elemento consonântico nasal, como há vogais travadas por /S/, /l/ e /r/. Há até oposição entre vogal nasal, porque fechada por consoante nasal, e vogal com emissão nasal, simplesmente, como acontece com *sem mana* e *semana* (quando emitido [sẽ'mẽnɐ]).

Uma consequência muito importante é que o ditongo "nasal" também se passa a analisar como ditongo mais arquifonema nasal. Isto é: <-ãe>, <-ão>,<-õe> e <-ui> /uiN/ (como em *muito* ou em *ruim*, com /i/ assilábico, em contraste com *rum*) decorrem respectivamente de -/ai/, -/au/, -/oi/, -/ui/ seguidos de travamento nasal. Não se confundem fonologicamente, portanto, com a realização da vogal nasal ditongada diante de pausa, a que foi feita há pouco referência. Fonemicamente, não existe um ditongo nasal [ẽʲ], citado frequentemente nas nossas gramáticas modernas, que querem exibir apuro fonético fora de propósito, diante de vocábulos como *bem*. É que neste caso não há oposição distintiva com a ausência do /i/ assilábico como em *mãe* e (*ir*)*mã*, da mesma sorte que existem /aN/ sem /u/ assilábico (*mãe:mão:*(*ir*)*mã*) ou /oN/ e /uN/ sem /i/ assilábico ((*pom*)*pom:põe*, *rum:ruim*).

28 UMA ÚLTIMA CONSIDERAÇÃO

Ainda uma consideração final sobre a estrutura da sílaba em português.

Há em nossa língua o fenômeno da **ligação** (fr. *liaison*)[17] entre a sílaba final travada de um vocábulo e a vogal inicial de um vocábulo, que a ele se segue sem pausa (substantivo com seu adjetivo, verbo com um seu complemento etc.).

Ora, neste caso a consoante pós-vocálica se liga à vogal imediatamente seguinte e a sílaba final, que era travada, fica uma sílaba livre, ao mesmo tempo em que a sílaba seguinte ganha uma consoante pré-vocálica ou crescente (*mar alto* fica /ma-ral-tu/, *falas hoje* fica /fa-la-zo-ʒi/[18]. Por isso, vimos que *nem um* fica /ne-ɲuN/, como *vim aqui* fica /vi-ɲa-ki/. Ou, em outros termos, não há o que os descritivistas norte-americanos, discípulos de Bloomfield, chamaram a **juntura** (ou **delimitação**) entre um vocábulo e outro.

---

17. Em francês, o fenômeno é um tanto diferente, porque a consoante pós-vocálica não existe na língua oral, ou, em outros termos, só existe na forma teórica: *mauvais* ([moˈvɛ]), teoricamente */movɛzʼ/, dando *mauvais poète* [moˈvɛpoˈɛt], mas [moˈvɛ zoˈtœʁ] *mauvais auteur*.

18. Note-se que o arquifonema /S/ se realiza então como /z/, quando, em princípio, em posição pré-vocálica, podia se ter /s/, /ʃ/ ou /ʒ/. Por isso, propus recentemente que se interpretasse o arquifonema não como /S/, mas como /z/ com os traços sibilante e sonoro, anulados em posição pós-vocálica (CAMARA, 1969).

VII

A acentuação e o vocábulo fonológico

29 PROCESSOS EM FRONTEIRAS DE PALAVRA

Acabamos de ver, no capítulo precedente, o fenômeno da ligação entre vocábulos, sem pausa entre si, em português. Assim, como também vimos, falta o fenômeno da juntura, ou seja, uma marca fonológica que indique, independentemente de qualquer pausa, uma delimitação entre vocábulos na corrente da fala.

Essa ausência de juntura, inevitável pelo fato da ligação, entre um vocábulo que termina por consoante e o seguinte que começa por vogal, não é, entretanto, absoluta em outras ocorrências.

No português europeu (é certo) há a mais o fenômeno da elisão e da crase, que também anulam a separação entre uma vogal final e a inicial do vocábulo seguinte, quando átonas ambas ou, pelo menos, átona a primeira. No português do Brasil, porém, as ocorrências são mais matizadas.

Entre duas vogais átonas, uma final e a outra inicial, há para distinguir se são iguais ou diferentes, isto é:

a)   no primeiro caso: /i/ + /i/,

/u/ + /u/,

/a/ + /a/;

b) no segundo caso: /i/ + /e, o, a, u/,

/u/ + /e, o, a, i/,

/a/ + /i, e, o, u/[1].

Se iguais, cria-se uma vogal una prolongada, que assinala uma delimitação. Se diferentes, dá-se uma ditongação crescente (com a passagem a assilábica do /i/ ou do /u/), ou decrescente com um /a/ silábico. Entre duas consoantes iguais (vibrante, sibilante ou nasal), produz-se uma geminação consonântica, que logo indica delimitação vocabular, pois em princípio não há consoante geminada em português. Assim, temos:

1. /ar'roʃu/[li] (*ar roxo*), oposto a /a'roʃu/ (*arrocho*),

2. /pas'sɔlida/ (*paz sólida*), oposto a /pa'sɔlida/ (*pá sólida*),

3. /seN'mana/ (*sem mana*), oposto a /se'mana/ (*semana*).

Há, portanto, uma juntura segmental, isto é, entre fonemas, no plano dos segmentos fônicos, embora lábil de acordo com o registro.

Quando se tem, porém, **C + V** ou **C + C** (diferentes), desaparece qualquer juntura segmental. Não se pode dizer que desapareça propriamente a delimitação vocabular, porque surge uma juntura **suprassegmental**, decorrente das pautas acentuais.

Podemos dizer, assim, que o acento em português tem tanto a função **distintiva** quanto a **delimitativa**, na terminologia de Trubetzkoy.

30 O ACENTO EM GRUPOS DE FORÇA E NO VOCÁBULO FONOLÓGICO

Já sabemos o que vem a ser o acento. É uma maior força expiratória, ou intensidade de emissão, da vogal de uma sílaba em contraste com as demais vogais silábicas. Ele pode incidir na última, penúltima, antepenúltima, ou, mais raramente, quarta última de um vocábulo fonológico. A sua presença assinala a existência de um vocábulo. No registro formal da pronúncia padrão do português do Brasil há a rigor uma pauta acentual para cada vocábulo. As sílabas pretônicas, antes do acento, são menos débeis do que as postônicas, depois do acento. Se designarmos o acento, ou **tonicidade**, por 3, em cada vocábulo, temos o seguinte esquema:

... (1) + 3 + (0) + (0) + (0),

indicando os parênteses a possibilidade de ausência de sílaba átona (nos monossílabos tônicos) e as reticências um número indefinido de sílabas pretônicas.

Numa sequência de vocábulos sem pausa (o que de acordo com Paul Passy se pode chamar um **grupo de força**), as sílabas tônicas que precedem o último vocábulo baixam a uma intensidade **2**, como em:

/graNdᵢamor/ (*grande amor*)			
graN	dᵢ	a	mor
|	|	|	|
2	0	1	3

Por essa distribuição acentual, opõe-se a juntura à falta de juntura, por exemplo, entre /abilidadi/ (*hábil idade*) e /abilidadi/ (*habilidade*):

/abilidadi/ (*hábil idade*)				
a	bi	li	da	de
|	|	|	|	|
2	0	1	3	0

/abilidadi/ (*habilidade*)				
a	bi	li	da	de
|	|	|	|	|
1	1	1	3	0

Desta sorte, o vocábulo fonológico fica bem delimitado no português normal do Brasil.

É claro que, por esse critério de depreender um vocábulo fonológico pela presença de uma tonicidade **2** ou **3** e delimitá-lo dentro de um grupo de força pelos contrastes com **0** e **1**, as chamadas partículas átonas não têm *status* de vocábulo fonológico. Se proclíticas, isto é, associadas a um vocábulo seguinte, elas valem como sílabas pretônicas desse vocábulo, com marca acentual **1**; e, se enclíticas, isto é, associadas a um vocábulo precedente, nada mais são que a sílaba postônica última desse vocábulo com uma falta de intensidade **0**.

Cabe apenas uma ressalva importante em referência ao vocalismo átono dessas partículas. Se postônicas, elas só podem ter evidentemente o quadro vocálico átono final, como em[lii] /'falasi/ (*fala-se*) etc. Se pretônicas, porém, nelas não aparecem as vogais médias, que seriam de esperar dessa posição. Elas baixam, ao contrário, ao quadro das vogais átonas finais, e há a neutralização entre as vogais médias e as altas correspondentes, em proveito destas últimas. Assim, se opõem:

• /por'tɛla/ (*portela*), substantivo feminino, e /pur'tɛla/ (*por tela*, em *tanto por tela*, por exemplo),

ou[liii].

• /si'seNta/ (*se senta*) e /se'senNta/ (*sessenta*).

Outra particularidade das partículas átonas, quando pretônicas, é a possibilidade de adquirirem uma intensidade **2**. Isto ocorre em duas circunstâncias. Em primeiro lugar, por motivo de uma pausa inesperada no teor da fala, principalmente quando o falante para subitamente para pensar um pouco no que vai dizer. Em segundo lugar, por motivação expressiva (ou, digamos, estilística) no intento de dar especial relevo à partícula. Num e noutro caso, ela fica naturalmente tônica e passa a ter uma intensidade **2**.

Nessas ocorrências, não há uma norma firme de comportamento entre os falantes. A tendência mais geral talvez seja manter o vocalismo da partícula, enunciando um /u/ ou um /i/[19] de tonicidade **2** – com ênfase na preposição:

/pur'tɛla/ *por tela*		
pur	tɛ	la
|	|	|
2	3	0

---

19. Nestas condições, em Portugal o [ə] neutro fica tônico. É o único argumento que se pode alegar para lhe dar *status* de fonema.

ou *por...tela* – com hesitação depois de enunciada a preposição a respeito do substantivo que melhor convém. Mas há também a alternativa de se passar para a vogal média correspondente:

/porˈtɛla/ *por tela*		
por	tɛ	la
|	|	|
2	3	0

Onde a variação é mais frequente é com o conectivo subordinativo *que* /ki/ ou /ke/ e a coordenação *e* /i/ ou /e/.

31 O PADRÃO ACENTUAL PREDOMINANTE

De qualquer maneira, o acento (de grau **2** ou **3** conforme a posição no grupo de força) é a marca nítida do vocábulo fonológico.

Além desse valor demarcativo, que cria uma juntura suprassegmental, o acento em português é também distintivo, pois serve, pela sua posição, a distinguir palavras, como em *jaca* ('uma fruta brasileira') e *jacá* ('uma espécie de cesto'), *caqui* ('a fruta de origem japonesa') e *cáqui* ('cor de poeira'), e assim por diante. É até um processo gramatical de distinguir padrões morfológicos, entre o substantivo, proparoxítono, e a forma verbal, paroxítona, com os mesmos fonemas, do verbo correspondente: *rótulo:rotulo* ('verbo *rotular*'), *fábrica:fabrica* ('verbo *fabricar*'), *intérprete:interprete* ('verbo *interpretar*').

A pausa só auxilia a delimitação do vocábulo na circunstância muito relativa de que, de um grupo de força a outro, é preciso se chegar ao fim de um vocábulo para haver pausa.

Por outro lado, o acento é livre ainda no sentido de que a sua posição não depende da estrutura fonêmica do vocábulo. Não há em português terminações de fonemas que imponham uma dada acentuação. Quando muito, há uma maior frequência, fonologicamente indeterminável, para dada terminação. Assim o mais comum é serem oxítonos os vocábulos terminados em <r>, mas há, não obstante, *açúcar*, *alcáçar* e assim por diante[20] e até *revólver*, substantivo, em oposição com o infinitivo verbal *revolver*. O mesmo se pode dizer a respeito dos vocábulos terminados em <l> ou por arquifonema nasal (cf. *hábil*, ao lado de *abril*; *servem*, ao lado de *convém*, e assim por diante).

Daí não se segue que não haja um determinado tipo de acentuação que é o mais generalizado no vocabulário português e imprime à língua o seu ritmo característico. É sem a menor dúvida o tipo paroxítono, de que decorre para a língua um ritmo **grave**. Nisto, entre as línguas românicas, o português, junto com o espanhol, e talvez mais do que este, se opõe ao ritmo **esdrúxulo** do italiano, decorrente da retenção dos proparoxítonos latinos, e ao ritmo **agudo** do francês, que é uma língua de acento fixo, constituída de vocábulos oxítonos.

Neste particular, o português do Brasil, com o seu amplo empréstimo léxico ao tupi e às línguas africanas, se diferencia do português europeu por um maior número de vocábulos oxítonos. Ao mesmo tempo, a língua padrão do Brasil se diferencia da língua popular pela manutenção dos proparoxítonos, que esta tende a reduzir a paroxítonos pela supressão de um segmento postônico, como em [e'zɛxsʊ] em vez de *exército*, ou [pe'trɔpɪs] por *Petrópolis*, e assim por diante.

Tal tendência explica, mesmo na língua literária, a mudança de acentuação de proparoxítonos, que tem sido atribuída à influência francesa[21].

---

20. É claro que, do ponto de vista sincrônico, não interessa a circunstância de que muitos desses vocábulos entraram por empréstimo na língua. A sua entrada determinou automaticamente novos padrões, mesmo que não existissem antes. Não esqueçamos que a rigor os proparoxítonos surgiram por empréstimo ao latim clássico pelo modelo do italiano, a partir do séc. XV.

21. Há muitas vezes, para tal mudança, também uma motivação morfológica, nos helenismos principalmente. É que o português reluta a ter sufixos átonos. Em regra, nos derivados, o acento se desloca da raiz para o sufixo. Assim, partindo-se de um sufixo *-dromo*, vocábulos como *hipodromo*, *aerodromo*, *autodromo* etc., parecem mais naturais do que os proparoxítonos, baseados na acentuação clássica, em que *-dromo* fica átono.

NOTAS DOS EDITORES

Parte primeira

i. Em todas as edições: *de quem fala e quem ouve*.

ii. Na primeira edição lia-se *como o adendo*.

iii. Na tradução em livro que o próprio Mattoso Camara fez, encontramos "pele e pelos". A expressão do texto original de Jakobson era *Mit Haut und Haare*.

iv. Mantivemos aqui a paragrafação da primeira edição, alterada pela última edição.

v. Na redação original: *...há a passagem do ar*, que foi alterada para manter a coerência sintática.

vi. No original, tínhamos: *Isto dá para as consoantes: 1)* **ordem de** *oclusivas (auditivamente plosivas); 2) constritivas (auditivamente fricativas)* e assim sucessivamente. A expressão **ordem de** foi deslocada para manter o paralelismo sintático.

vii. Na redação original: LEMLE, 1960: 33.

viii. Na primeira e demais edições, havia *e* e não *a*, como se propõe nesta edição.

ix. Na edição original, aparece grafado *não-escura*. A ortografia foi modernizada, neste e em todos os casos subsequentes do mesmo uso, retirando-se o hífen.

x. No texto original, o primeiro quadro de vogais era repetido. Optamos por excluí-lo aqui, para efeito de clareza.

xi. No original, *Aí é bastante diferente o vocalismo do português europeu (na base do dialeto de Lisboa) e o do português brasileiro (...)*. A concordância foi alterada para fins de maior clareza na passagem.

xii. A paragrafação foi alterada para dar mais clareza ao texto.

xiii. Neste momento mantivemos a transcrição original de Mattoso Camara, não assinalando o "r" brando com o símbolo adequado, uma vez que apenas após fazer a distinção na seção 21 é que o autor usará símbolos diferentes para os dois fonemas róticos. Cf. a propósito nota viii.

xiv. No original, paranaense.

xv. Por coerência, optamos por manter a classificação por zona de articulação nos quadros.

xvi. Nas edições anteriores lia-se: *No registro informal do dialeto carioca, as oposições, no 2º quadro, entre /o/ e /u/, de um lado, e, de outro, entre /e/ e /i/ ficam prejudicadas pela tendência a harmonizar a altura da vogal pretônica com a da vogal tônica quando esta é átona.*

xvii. Na redação original: SILVEIRA, 1939: 355.

xviii. A redação da primeira edição era a seguinte: *Há a pronúncia /sirvis'/, ao lado do mais raro /servis'/ [na última edição /sirvis'/], para a 2ª pessoa plural do verbo servir (também dito /sirvir'/ mais comumente que /servir'/), mas só /servis'/, como /servil'/, para o plural, como o singular, do adjetivo derivado de servo/sèr'vu/.*

xix. A paragrafação da edição original foi alterada, para produzir maior coesão.

xx. /u/ não consta da obra original.

xxi. Na primeira edição, temos /r/ *brando* e, três linhas depois, /r/ *forte*. É apenas na seção 21 que o autor diferenciará os dois fonemas por meio de um diacrítico. Optamos, assim, por utilizar a letra entre aspas neste momento, para preservar a coerência da análise fonológica do autor, sem antecipar a especificidade de que tratará em seguida.

xxii. Alteramos a paragrafação da primeira edição para dar mais transparência ao texto.

xxiii. Na primeira e demais edições: *e nenhuma das três consoantes se apresentam como mediais não intervocálicas.*

xxiv. Na primeira edição o arranjo gráfico, sem muitos recursos, indicava a disposição segundo o modo de articulação. A última edição desconsiderou isso, omitindo o fonema /n/ da série nasal. Procuramos restituir o texto ao seu espírito original.

xxv. Na edição original, não há artigo no segundo sintagma da coordenação: *Nas oclusivas e constritivas, opõe-se a consoante surda (quando não há vibração das cordas vocais) e consoante sonora.*

xxvi. A paragrafação original foi alterada para dar maior clareza ao texto.

xxvii. Na primeira edição, tinha-se: *Este quadro*, redação que foi alterada por conta da separação maior entre as seções que foi adotada nesta edição.

xxviii. A estrutura de paragrafação da primeira edição foi alterada aqui para fins de clareza.

xxix. Na primeira edição não havia artigo. Foi inserido aqui, em consonância com o uso que o próprio Mattoso faz em seu texto.

xxx. Aqui foi suprimido o artigo da edição original.

xxxi. Na primeira edição (e posteriores) tínhamos: *Em outros termos, desaparece da língua o /l/ pós-vocálico, ficando como tal, apenas, entre as líquidas e /r/.*

xxxii. A paragrafação foi aqui alterada para fins de clareza.

xxxiii. Para a coerência da estrutura sintática, a ordem dos constituintes foi aqui alterada. A redação na primeira edição era: *É também como arquifonema nasal (só marcado pela ressonância nasal e não pelas modalidades do embaraço na boca) o elemento consonântico nasal pós-vocálico, que, como já aludimos, convém postular fonemicamente nas chamadas vogais nasais portuguesas, cuja transcrição fonêmica fica, pois /aN/, /eN/, /iN/, /oN/, /uN/.*

xxxiv. Na primeira e demais edições, a redação era: *Se chamarmos simbolicamente V o centro da sílaba e C um elemento marginal, teremos os tipos silábicos: V (sílaba simples), CV (sílaba complexa crescente), VC (sílaba complexa crescente-decrescente).* Claramente, no processo de composição tipográfica, foi omitido o tipo CVC, cuja descrição está aplicada à sílaba VC. Acrescentamos o padrão CVC e a descrição sílaba complexa decrescente. A paragrafação também foi alterada, para maior clareza.

xxxv. A redação da primeira e demais edições era: *Conforme a ausência ou a presença (isto é, V e CV, de um lado, e, de outro, VC e CVC), temos a sílaba aberta, ou melhor, livre, e a sílaba fechada, ou melhor, travada.*

xxxvi. A redação na primeira e demais edições era: *Em outros termos, a vogal assilábica se interpreta no primeiro caso como fase decrescente de sílaba, mas no primeiro caso como modificação final do seu centro.*

xxxvii. Na primeira edição, sem a menção explícita a *sair*.

xxxviii. Na edição original, sem a menção explícita a *rir*.

xxxix. Na última edição, na nota 9 daquela página, temos: *existência fonêmica ao ditongo*. Restituímos o texto à sua formulação original da primeira edição, em que consta do ao invés de ao.

xl. Na última edição, lê-se *arme* por *arrue*. Restituímos o texto à forma original.

xli. Na primeira edição e nas demais, não constavam os ditongos /eu/ e /ɛu/. Mattoso menciona explicitamente onze. Claramente houve um problema de edição. Optamos pelo acréscimo.

xlii. Na primeira e demais edições, tem-se *plosiva labial*.

xliii. Na redação original: ...*produz o que se chama um "tritongo", tradicionalmente em português.*

xliv. No original: *predução*.

xlv. Na primeira e demais edições tem-se *vogal travada*. A redação foi alterada para manter o paralelismo.

xlvi. Na primeira e demais edições, tem-se *vogal posterior*.

xlvii. A paragrafação foi alterada aqui, para fins de clareza.

xlviii. Na última edição, consta *se supõe*. Restituímos o texto à sua forma na primeira edição.

xlix. A redação foi modificada com a inclusão do vocábulo *elisões*, a fim de propiciar coerência estrutural e mais clareza ao período.

l. A paragrafação e a pontuação foram alteradas para maior transparência na passagem, omitindo-se a conjunção *e* constante no original. Outra alteração foi feita. No original, lia-se: *[...] no segundo caso, /i/ + /e,o,a/, /u/ + /e,o,a/, /a/ + /i,e,o,u/.* É possível que tenha ocorrido um lapso do autor aqui, pois deveríamos ter quatro vogais pré-tônicas em todos os três casos. Sendo assim, foi acrescentada a vogal /u/ à primeira combinação e /i/, à segunda combinação.

li. Para manter a coerência com os outros exemplos, foi inserida aqui a anotação do acento tônico.

lii. A redação foi alterada para fins de clareza, acrescentando-se os vocábulos *como em*.

liii. Na redação original constava a preposição *entre*, que foi omitida para manter o paralelismo sintático.

PARTE SEGUNDA
A primeira articulação ou morfologia

VIII

O vocábulo formal e a análise mórfica

32 O CONCEITO DE VOCÁBULO FORMAL

Na primeira articulação da língua, em que o segmento fônico se associa a uma significação léxica ou gramatical, o vocábulo formal é a contraparte do que apreciamos no capítulo precedente com o título de vocábulo fonológico.

Dada a independência entre esses dois planos da linguagem, não é de esperar que os dois conceitos coincidam necessariamente.

Ao contrário do critério fonológico que rege a nossa escrita, procurando representar aproximadamente os fonemas pelas letras e dividindo as suas sequências de acordo com as sílabas, a apresentação do vocábulo na escrita se faz pelo critério formal. Deixa-se entre eles, obrigatoriamente, um espaço em branco, porque, mesmo quando sem pausa entre si num único grupo de força, cada um é considerado uma unidade mórfica de *per si*. Por isso, embora em *proscrever*, por exemplo, cada letra se reporte a um fonema e a separação seja silábica (*pros-cre-ver*, apesar de o vocábulo ser composto do prefixo *pro-* e (*e*)*crever*), grafamos com espaços em branco a expressão *proscrever uma lei* /prɔSkreˈverˈumaˈleⁱ/, que é um único grupo de força.

Qual, entretanto, o critério para aí se depreender três vocábulos formais?

Ele foi basicamente estabelecido pelo linguista norte-americano Leonard Bloomfield (BLOOMFIELD, 1933: 160). Segundo esse autor, as unidades formais de uma língua são de duas espécies:

1) **formas livres**, quando constituem uma sequência que pode funcionar isoladamente como comunicação suficiente[i]:

(1) Pergunta: *Que vão fazer?*

Resposta: *Proscrever.*

Pergunta: *Proscrever o quê?*

Resposta: *Lei.*

2) **formas presas**, que só funcionam ligadas a outras (como *pro-* de *proscrever*, *prometer* etc.).

O vocábulo formal é a unidade a que se chega, quando não é possível nova divisão em duas ou mais formas livres. Constará, portanto, de uma forma livre indivisível, como em (2a), de duas ou mais formas presas, como (2b) ou de uma forma livre e uma ou mais formas presas, como em (2c).

(2) a.   *luz*

b.   *im+pre+vis+ível*

c.   *in+feliz*

Ora, esse critério abrange as partículas proclíticas e enclíticas em português, como *a* em *a lei*, se introduzirmos nele um terceiro conceito: o de **forma dependente** (CAMARA, 1967: 88).

Conceitua-se assim uma forma que não é livre, porque não pode funcionar isoladamente como comunicação suficiente; mas também não é presa, porque é suscetível de duas possibilidades para se disjungir da forma livre a que se acha ligada: de um lado, entre ela e essa forma livre pode-se intercalar uma, duas ou mais formas livres *ad libitum*:

(3) *A grande, promissora e excelente lei.*

Por outro lado, quando tal não é permissível (nos pronomes átonos que funcionam junto ao verbo), resta a alternativa de ela mudar de posição em relação à forma livre a que está ligada, o que não ocorre absolutamente com uma forma presa: ao lado de (4a), há também a construção (4b).

(4) a. *se fala*
   b. *fala-se*

São por isso vocábulos formais, porque são formas dependentes, em português, as partículas proclíticas átonas, como o artigo, as preposições, a partícula *que* e outras mais. São-no igualmente, como acabamos de ver, as variações pronominais átonas junto ao verbo, em vista de poderem ficar com ele em próclise ou em ênclise.

A forma dependente é, portanto, o primeiro exemplo em português da falta de coincidência absoluta entre vocábulo fonológico e vocábulo formal. Trata-se de um vocábulo formal que não é vocábulo fonológico, senão parte de um vocábulo fonológico, a que se acha ligado pelo acento que domina várias sílabas átonas.

Por outro lado, no chamado vocábulo **composto por justaposição** temos a ocorrência oposta. Dois vocábulos fonológicos passam a constituir um só vocábulo formal. Assim, *guarda-chuva* tem a mesma pauta acentual que *grande chuva*:

(5)

g^{u}ar	da	ʃu	va
2	0	3	0

graN	di	ʃu	va
2	0	3	0

Na língua escrita, cabe ao hífen, ou traço de união, assinalar essa circunstância. Com ele a nossa ortografia procura um compromisso entre o critério mórfico, que essencialmente a orienta na separação dos vocábulos por espaço em branco, e o critério fonológico, indicando uma sequência por um traço de união. Assim, em *fala-se* juntam-se pelo hífen a forma livre (*fala*) e a forma dependente (*se*), que com aquela constitui um único vocábulo fonológico. Em *guarda-chuva* não se escrevem em continuidade as duas unidades fonológicas (*guarda* e *chuva*), que constituem um único vocábulo formal, mas pelo menos se lhes interpõe um hífen.

Apenas se deve ressalvar que o emprego desse sinal gráfico é incoerente do ponto de vista da língua oral. Muitas vezes é omitido, deixando um espaço inteiramente em branco, como se faz com todas as partículas pro-clíticas e às vezes até em casos de justaposição, como em (6a). Outras vezes juntam-se os elementos fonologicamente distintos. Tal é o caso do topôni-mo carioca *Jacarepaguá* em (6b):

(6) a. *livre arbítrio*[ii]

b. *Jacarepaguá*

ʒa	ka	rɛ	pa	gᵘa
1	1	2	1	3

O exemplo mais expressivo são os advérbios de modo em *-mente*, onde a intensidade 2 é muitas vezes assinalada graficamente, por critérios exclusi-vos da língua escrita. As convenções da língua escrita, a esse respeito, como em muitos outros respeitos, não são firmes em face da realidade linguística que dimana da língua oral[22,iii].

Justifica-se, entretanto, o conceito de "composto por justaposição"? Por que não assimilar *guarda-chuva* a *grande chuva*, *livre-arbítrio* a *livre decisão* e considerar uma classe única de "locuções", isto é, dois ou mais vocábulos formais associados intimamente na sentença?

Parece-me que a chave da solução está na possibilidade, para a locução, e na impossibilidade, para o composto por justaposição, de se suprimir um dos elementos (o qualificador) sem maior prejuízo ou verdadeira subver-

---

22. Escreve-se um acento grave (ˋ) para a tonicidade 2 da vogal baixa e das médias de 1º grau e as altas, e um acento circunflexo (ˆ) para as vogais médias de 2º grau, mas só quando existe graficamente um acento agudo (ˊ) ou um circunflexo (ˆ), respectivamente no primeiro elemento da justaposição quando isolada. Escreve-se *amàvelmente* e *cômo-damente*, por causa de *amável* e *cômodo*, mas *alegremente* sem acento gráfico, porque em *alegre* /aˈlɛgri/ ele não se usa.

são do que se quer dizer. Não há esse prejuízo ao se dizer (7a) em vez de (7b), ou (7c) em vez de (7d).

(7) a.   *Apanhei uma chuva.*

    b.   *Apanhei uma grande chuva.*

    c.   *Tomei uma decisão.*

    d.   *Tomei uma livre decisão.*

Mas já é outra coisa dizer (8a) em vez de (8b) (já sem falar na mudança do gênero expressa pelo artigo), ou (8c) em vez de (8d):

(8) a.   *Apanhei a chuva.*

    b.   *Apanhei o guarda-chuva.*

    c.   *O homem é o único animal de arbítrio.*

    d.   *O homem é o único animal de livre-arbítrio.*

Analogamente, nas locuções verbais como (9a) ou (9b) cabem as respostas (9c) e (9d).

(9) a.   *Ele tinha falado?*   b.   *Ele quer sair?*

    c.   *Tinha.*   d.   *Quer.*

Mas não cabe a resposta (10b) à pergunta (10a) ou (10d) à pergunta (10c).

(10) a.   *É um guarda-chuva?*   b.   *Chuva.*

     c.   *O homem age por livre-arbítrio?*   d.   *Arbítrio.*

Do ponto de vista da doutrina gramatical, a locução vai além do que se considera justaposição, porque a justaposição está no plano fonológico posto em relação com o plano mórfico, ao passo que a locução se refere exclusivamente ao plano mórfico. Em outros termos, a locução é o uso como unicidade formal superior de dois vocábulos mórficos. Há assim locução pela associação de uma forma livre com uma forma dependente (*fala-se* ou *se fala*, (*livro*) *de Pedro* etc.), em que não há dois vocábulos fonológicos em justaposição, mas um só vocábulo fonológico.

O que se opõe à justaposição é a **aglutinação**, em que só se tem um vocábulo fonológico unitário. O que se opõe à locução é o vocábulo formal unitário, em que figuram duas[iv] ou mais formas presas.

33 ANÁLISE MÓRFICA

É a depreensão das formas mínimas, ou morfemas, constituindo o vocábulo formal unitário, que se chama análise mórfica. Por meio dela procede-se à descrição rigorosa das formas de uma língua dada.

O método dessa análise consiste na técnica da **comutação**. Por esse nome se entende a substituição de uma invariante por outra, de que resulta um novo vocábulo formal.

> Se a gramática tradicional transferiu às cegas as categorias e os membros das categorias latinas para as línguas europeias modernas (...), é porque ainda não se compreendia claramente a relevância do teste da comutação para o conteúdo linguístico (HJELMSLEV, 1953: 47).

Talvez a melhor maneira de bem compreender o método assim definido seja a sua exemplificação com uma forma verbal simples portuguesa, como *falamos*. As nossas gramáticas em regra não se preocuparam mais do que em separar o **radical** da "terminação" em nossos verbos. Assim lhes escaparam inteiramente as noções gramaticais, morfema por morfema, que neles podem entrar. Nessa análise temos de levar em conta o morfema gramatical zero (∅), isto é, a ausência de um morfema, num dado vocábulo, que aparece noutro vocábulo e estabelece com o primeiro uma oposição significativa. É, por exemplo, o que se dá com o singular entre os nomes portugueses, aí caracterizado apenas pela ausência do morfema /S/ de plural:

(11) a.   *lobo / lobos*, ou seja,

b.   *lobo* + ∅ / *lobo* + /S/.

No exemplo de *falamos* notemos preliminarmente uma homonímia entre presente e pretérito, decorrente de não haver para um e outro um morfema específico e o morfema *-mos*, da 4ª pessoa gramatical, ou 1ª pessoa do plural, ser sempre o mesmo em todos os verbos e tempos portugueses[23].

---

23. Já rechaçamos, em capítulo precedente, a precária e inconsistente distinção entre *falamos* /ɐ/, no presente, e *falámos* /a/ no pretérito.

Aceitemos a homonímia e fixemo-nos no presente, partindo de um contexto como:

(12) *Falamos aqui neste momento.*

A primeira comutação que ocorre é um zero ($\emptyset$), que nos dá o vocábulo *fala.* Como passa então a se tratar de outra pessoa gramatical (a 3ª pessoa do singular), concluímos que *-mos* é que é o morfema da 1ª pessoa do plural, ou 4ª pessoa gramatical. Por outro lado, a comparação de *falamos,* como *falávamos, faláramos, falaremos* e *falaríamos,* indica um presente e um pretérito com morfema zero e dois outros pretéritos, com morfemas *-va-* e *-ra-*, respectivamente, e com dois futuros, respectivamente, de morfemas *-re-* (tônico) e *-ria-* (com a tonicidade no /i/). Finalmente, a diferença de *falamos* com respeito a *bebemos* e *partimos* mostra que os verbos portugueses se distribuem em três classes mórficas (as tradicionais "conjugações"), caracterizadas sucessivamente pelas vogais /a/, /e/, /i/. O primeiro elemento indivisível, comum a todas as formas de cada um dos verbos, é o morfema lexical, em que se concentra a significação específica do ato que o verbo expressa: *fal-*, em *falamos,* referente a uma atividade vocal distinta da de *cantamos* (morfema lexical *cant-*), ou da de *gritamos* (morfema lexical *grit-*), ou da de *choramos* (morfema lexical *chor-*). Da mesma sorte *bebemos,* com *beb-*, se opõe a *comemos,* com *com-*, e *partimos,* com *part-*, se distingue de *fugimos* com *fug-* /fuʒ/.

Todas essas comutações nos levam a analisar o vocábulo verbal português, além do seu morfema lexical, com um morfema classificatório de conjugação, um morfema de tempo verbal e um último de pessoa gramatical, referente ao sujeito.

Também a análise introduz um conceito novo, que é o da **cumulação.** Com efeito, em *falamos, falávamos, faláramos, falaremos, falaríamos,* vemos que *-mos*, indivisível, acumula em si, além da noção de 1ª pessoa gramatical (o falante), a noção de plural. Analogamente, os morfemas de tempo verbal, ou temporais, incluem a intenção objetiva da comunicação, própria do modo indicativo, em face de uma atitude subjetiva de dúvida ou, ainda, suposição, que transparece em *falemos, falássemos* e *falarmos*, além da circunstância, talvez a mais relevante, de esses três últimos tempos só figurarem em padrões especiais de frase, dependentes de outro "principal".

Por outro lado, na depreensão da invariante que é o morfema, é preciso não esquecer a possibilidade da sua variação, ou seja, seus **alomorfes**. No tempo futuro, a que pertence *cantaremos, falaremos* etc., há também a variante *-rá-*, que aparece em *falará, cantará* etc., ou em *falarás, cantarás* etc.

A alomorfia pode ser de natureza puramente mórfica, privativa da primeira articulação da linguagem, como na variação /'ra/ – /'re/, ou pode depender da segunda articulação, como consequência das distribuições imperativas que se verificam no plano fonológico. Assim, as vogais /e/ e /i/, que caracterizam duas classes mórficas de verbos portugueses, em posição átona final sofrem a redução, que já conhecemos, a um débil alofone de /i/, que a escrita representa pela letra <e>. Este /i/, escrito <*e*>, é um alomorfe, condicionado pela posição átona final da vogal, tanto do morfema /e/ (da 2ª conjugação) como do morfema /i/ (da 3ª conjugação).

Finalmente, pode-se dar a neutralização no plano mórfico, semelhan-te à que já conhecemos no plano fonológico entre fonemas. A neutrali-zação torna indistinta a diferença, ou melhor dito, anula a oposição entre dois morfemas pelo aparecimento de um morfema único. Isto pode-se dar apenas dentro do plano formal, como numa forma verbal *falaram*, que no plural da 3ª pessoa tanto se refere ao singular *falou*, de um dos três preté-ritos portugueses, como ao singular *falara*, correspondente a outro desses pretéritos. Mas também pode ser uma consequência de uma neutralização fonológica, previamente operada na segunda articulação, com a eliminação da oposição entre dois fonemas. Assim, a neutralização mórfica, que torna indistintas entre si a 2ª e a 3ª conjugações em *teme* e *parte*, por exemplo, resulta da circunstância de que há neutralização entre os fonemas /e/ e /i/ em posição átona final.

A neutralização morfológica é compensada de duas maneiras na estrutura gramatical da língua. Por um lado, ela entra em regra num **paradigma**, isto é, num conjunto de formas concatenadas entre si, como são as formas de cada verbo português. Se a oposição com outra forma se anula para uma dada forma, como em *falaram*, ela se recria alhures, como entre *falou* e *falara*. Por outro lado, o contexto da comunicação faz compreender a distinção que a neutralização tornou latente. Só se emprega em português *falaram* como contraparte de *falara* em certos tipos de frase, enquanto é em outros tipos que se emprega *falaram* como contraparte de *falou*.

A alomorfia pode-se verificar, evidentemente, entre elementos fonológicos de natureza diversa. É o que acontece, para certos verbos portugueses ditos "irregulares", entre um fonema ou conjunto de fonemas, acrescentado ao radical do verbo, e uma alternância vocálica dentro do radical. Por exemplo, *fiz*, do verbo *fazer*, corresponde ao *-i* final de *temi*, do verbo *temer*. Ambas as formas indicam a 1ª pessoa gramatical de um determinado tempo passado português. Mas em *temi* houve o acréscimo de um *-i* tônico ao radical, ao passo que em *fiz* houve no radical a mudança da sua vogal *-a-* (*faz* + *er*) para *-i-*.

Assim em *fiz* temos um tipo de morfema que não é o do *-i* final de *temi*. Neste, houve o acréscimo de um segmento fônico ao radical. Naquele houve uma alternância da vogal do radical. Essa alternância, que em português é esporádica e só aparece num grupo mínimo de verbos, é em outras línguas um morfema geral e "regular", ou ainda, em outras, como o inglês, uma alomorfia bastante generalizada:

(13) a. *sit* "sentar" *I sat* "sentei"

   b. *drive*/draⁱv/"dirigir" *I drove*/droᵘv/"dirigir"

e assim por diante[24].

---

24. Há aí, como sempre na língua, uma distribuição em padrões, de maior ou menor número de itens, que a gramática tradicional inglesa não se preocupa em depreender, enumerando todos esses verbos pela "ordem" alfabética, com a descrição gramatical deturpada numa espécie de lista telefônica.

34 RESUMO

Convém resumirmos agora as noções gramaticais novas, em face da gramática tradicional, que resultam das considerações do presente capítulo.

Temos, em primeiro lugar, o conceito de vocábulo formal, ou mórfico, e a maneira de identificá-lo. Em seguida, a técnica geral da sua análise para a depreensão dos morfemas. E nestes a possibilidade do morfema zero (Ø) e o fenômeno geral da alomorfia, que não é senão um aspecto particular da existência das variações da invariante gramatical, que já vimos noutro capítulo ser uma característica geral da linguagem. A oposição entre morfemas pode-se anular pelo fenômeno da neutralização, fonologicamente condicionada ou não. Finalmente, há várias modalidades de morfema gramatical. Em português predominam os **segmentais**, isto é, os que se constituem de um fonema ou um grupo de fonemas. Mas a seu lado temos esporadicamente a alternância, sempre entre vogais, que é um conceito mais abstrato. Não a identifica um fonema ou um grupo de fonemas; mas a circunstância de se tratar, dentro do radical ou morfema lexical, de um segmento fonêmico (em português uma vogal), que é distinto do que se encontra em forma oposta. É claro que a alternância é um morfema, se é o único processo gramatical existente num dado setor gramatical da língua. Quando, porém, como em português, existe a seu lado, para a mesma função, o morfema gramatical constituído de um segmento fonêmico, a alternância não é mais do que um alomorfe deste.

Acrescentemos que em português a alternância vocálica pode ser o que podemos chamar **submorfêmica**. Isto acontece, quando não é ela (como, ao contrário, sucede em *fiz* em face de *faz* + *er*) a marca única da noção gramatical por expressar. Ela entra no vocábulo formal como um reforço, por assim dizer, de um morfema segmental. Assim, um plural como *formosos*, com -*o*- tônico aberto (/ɔ/), contrasta com o singular *formoso*, com -*o*- tônico fechado. Mas, a rigor, o plural se indica essencialmente pelo acréscimo da sibilante pós-vocálica /S/. A alternância dos dois timbres da vogal tônica apenas reforça a oposição que a ausência de /S/ (morfema Ø) e a sua presença criam entre singular e plural.

Não é, porém, uma alternância a ser desprezada na descrição gramatical. Ela auxilia a distinção entre singular e plural e torna a oposição *formoso:formosos* mais nítida do que entre *bolso: bolsos*, por exemplo, em que ela não existe.

Diacronicamente, ela explica a eliminação do morfema propriamente dito, porque o falante confia nela para a clareza da sua comunicação. Antes do português atual com *fiz*, houve uma forma *fizi*, em que a vogal átona final se esvaiu, porque a alternância *faz* + *er:fiz(i)* já era bastante nítida para caracterizar a segunda forma[25].

---

25. O fenômeno do submorfema é um caso particular de um fenômeno geral na linguagem: a redundância. A língua, como meio de comunicação, não se satisfaz com uma oposição una e simples. Acrescenta outros processos opositivos "redundantes", que reforçam a primeira oposição. É a redundância que, no plano lexical, explica o pleonasmo. As nossas gramáticas normativas o consideram um "vício de linguagem". Mas ele muitas vezes não merece esse "xingamento". É um reforço para maior rendimento da comunicação. Ou, ainda, como o encararam os gregos e latinos na antiga disciplina da retórica, um meio estilístico para dar mais ênfase à enunciação.

A classificação dos vocábulos formais

35 AS GRANDES CLASSES DE PALAVRAS

Uma vez explicado o que se entende por vocábulos formais (formas livres ou formas dependentes), temos na gramática descritiva portuguesa a tarefa de os distribuir em classes fundamentais.

Isto foi feito para o grego antigo pelo gramático alexandrino Dionísio da Trácia. A sua classificação foi adotada com pequenas modificações em latim e afinal passou para as línguas europeias modernas. É a chamada teoria das "partes do discurso", que, como observou recentemente John Lyons, "merece ser considerada com mais simpatia do que a que tem recebido da maioria dos linguistas nestes últimos anos" (LYONS, 1966: 209). A crítica séria, que se lhe pode fazer, é ser heterogênea em seus critérios e alinhar num quadro único o que na realidade corresponde a uma divisão de hierarquias e sub-hierarquias.

Há, em princípio, três critérios para classificar os vocábulos formais de uma língua. Um é o de que eles de maneira geral significam do ponto de vista do universo biossocial que se incorpora na língua; é o critério **semântico**. Outro, de natureza formal ou mórfica, se baseia em propriedades de forma gramatical que eles podem apresentar. Um terceiro critério, que teve muita acolhida na gramática descritiva norte-americana, orientada pela linguística sincrônica de Bloomfield, é o **funcional**, ou seja, a função ou papel que cabe ao vocábulo na sentença.

O critério semântico e o mórfico estão intimamente associados:

> Um signo linguístico, e consequentemente também a palavra [ou, em outros termos, o vocábulo formal], é, em virtude de sua essência e definição, uma unidade de forma e sentido. O sentido não é qualquer coisa de independente, ou, mais particularmente, não é apenas um conceito; conjuga-se a uma forma. O termo *sentido* só pode ser definido com o auxílio do conceito *forma* (GROOT, 1948: 439).

Em referência ao português, esse critério compósito, que podemos chamar **morfossemântico**, parece dever ser o fundamento primário da classificação.

Por meio dele temos uma divisão dos vocábulos formais em nomes, verbos e pronomes. Semanticamente, os nomes representam "coisas", ou seres, e os verbos, "processos", segundo a fórmula de Meillet (MEILLET, 1921: 175). A definição tem sido rejeitada pelo argumento filosófico (não um argumento linguístico) de que não é possível separar no universo biossocial os seres e os processos. Alegou-se até que nomes, como, em português, *viagem, julgamento* ou *consolação*, são processos ou até, mais estritamente, atividades. A resposta é que esses vocábulos são tratados na língua como nomes e associados a coisas. A interpretação filosófica profunda não vem ao caso. Trata-se, como se assinalou[v] logo de início neste livro, daquela lógica, ou compreensão, intuitiva que permeia toda a vivência humana e se reflete nas línguas. Deste ponto de vista, podemos dizer, com Herculano de Carvalho, que no nome

> a *realidade em si* (...) pode ser ou não constituída por um objeto físico: será objeto físico quando o significante for, por exemplo, a palavra *cadeira*, ou *flor* ou *homem*; mas já assim não sucede quando ele é, suponhamos, *humanidade* ou *beleza* (CARVALHO, 1967: 162).

Por outro lado, a oposição de forma separa nitidamente, em português (como já sucedia em latim), o nome e o verbo. Aquele se pode objetivar por meio da partícula, ou forma dependente, que é o "artigo", e é passível de um plural em /S/ (além da distinção de gênero). Este apresenta as noções gramaticais, e morfemas gramaticais correspondentes, de tempo e modo, referentes a si mesmo, e de pessoa referente ao seu sujeito, ou ser a que ele é associado como ponto de partida do processo que designa. Enquanto /S/ no nome *cantos* significa plural, o morfema homônimo /S/ em *cantas* indica 2ª pessoa do singular.

Quanto ao pronome, o que o caracteriza semanticamente é que, ao contrário do nome, ele nada sugere sobre as propriedades por nós sentidas como intrínsecas no ser *cadeira* ('um tipo especial de móvel para a gente se sentar'), ou *flor* ('um determinado produto das plantas'), ou *homem* ('um animal racional possuidor de uma "cultura" por ele produzida – em vez de ser uma mera manifestação da natureza com propriedade de locomoção etc.'). O pronome limita-se a mostrar o ser no espaço, visto esse espaço em português em função do falante:

(1) a.   *eu, mim, me*   'o falante qualquer que ele seja'

    b.   *este, isto*   'o que está perto do falante'

e assim por diante. Também, morficamente, inconfundivelmente se distingue do nome, como apreciaremos mais de perto no capítulo referente a ele.

Em face dessa divisão morfossemântica, a classificação funcional subdivide nomes e pronomes pela sua função na comunicação linguística. Há a função de substantivo, que é a do nome ou pronome tratado como centro de uma expressão, ou **termo determinado**, na terminologia de Bally (BALLY, 1950: 102). E há a função de adjetivo, em que o nome ou pronome é o **termo determinante** (sempre na terminologia de Bally) e modifica um nome substantivo ou tratado como determinado. Em português o adjetivo se caracteriza por uma concordância em gênero e número com o seu determinado:

(2) a.   *Flor branca*

    b.   *Homem bondoso*

    c.   *Cadeiras pretas*

Um terceiro conceito tradicional, de natureza funcional também, é o advérbio. Trata-se de um nome, ou pronome, que serve de determinante a um verbo:

(3) a.   *Fala eloquentemente*

b.   *Fala aqui*[26]

Chegamos assim ao seguinte quadro, jogando com os critérios morfos-semântico e funcional:

Nome	Substantivo (termo determinado)
	Adjetivo (termo determinante de outro nome)
	Advérbio (termo determinante de um verbo)
Verbo	
Pronome	Substantivo (termo determinado)
	Adjetivo (termo determinante de outro nome)
	Advérbio (termo determinante de um verbo)

36 AS CLASSES MENORES

Restam certos vocábulos (o mais das vezes formas dependentes), cuja função essencial é relacionar uns com os outros, ou entre si, os nomes, os verbos e os pronomes. Estabelecem entre dois ou mais termos uma conexão e podem-se chamar, portanto, os vocábulos conectivos.

A conexão pode fazer de um termo o determinante do outro, à maneira de um adjetivo, quando entre dois substantivos, mas sem o fenômeno da concordância:

---

26. Alguns advérbios têm a função complementar, na língua, de acrescentar uma qualificação a mais a um adjetivo:

(i)   *muito feliz*

(ii)   *efusivamente feliz*

Mas tal função não é geral a todos e não deve, ao contrário do que fazem as gramáticas escolares nossas, entrar na definição. Esta deve ser tirada da função essencial de advérbio, que é ser determinante de um verbo.

(4) a.   *Flor do campo*

    b.   *Cadeira de espaldar*

    c.   *Homem de educação*

É o papel dos conectivos subordinativos. Ou pode apenas adicionar um termo a outro no processo da coordenação; são os conectivos coordenativos, o essencial dos quais é a partícula copulativa *e*:

(5) a.   *Flores e cadeiras*

    b.   *Eu e tu*

    c.   *Falei e expliquei*

Em português, os conectivos subordinativos se dividem em preposições e conjunções. As preposições subordinam um vocábulo a outro:

(6) a.   *Flor do campo*

    b.   *Falei de flores*

As conjunções subordinam sentenças. Em outros termos: entre duas sentenças "transformam" uma em determinante da outra.

Os vocábulos coordenativos são os mesmos em qualquer dos casos, como vimos acima nos exemplos com a partícula *e*. Outros exemplos:

(7) a.   *Pobre, mas feliz.*

    b.   *Zangou-se, mas não tinha razão.*

Os conectivos são em princípio morfemas gramaticais. Pertencem ao mecanismo da língua sem pressupor em si mesmos qualquer elemento do universo biossocial.

Entretanto, há conectivos subordinativos oracionais, ou conjunções subordinativas, que se reportam a um nome ou pronome, cujo lugar substituem na enunciação. Como tais, desempenham na oração em que se acham um papel que caberia a um nome ou pronome. A gramática tradicional os denominou "pronomes relativos" ("pronome" por causa desse papel que desempenham na oração; "relativo", porque estabelecem uma "relação" entre as duas orações, como conjunção subordinativa):

(8) *Aqui está o livro que comprei.*

(*que* = *livro* e ao mesmo tempo subordinando a ideia da compra à apresentação do livro no momento).

Naturalmente, esse e outros detalhes serão mais bem tratados no capítulo referente à classe dos pronomes.

De qualquer maneira, temos para os conectivos em português o seguinte quadro geral:

O mecanismo da flexão portuguesa

37 FLEXÃO E DERIVAÇÃO

O termo gramatical **flexão** é a tradução do alemão *Biegung* ('flexão, curvatura'), introduzido pelo velho filólogo Friedrich Schlegel (1772-1829) no seu livro clássico de 1808, *Sobre a língua e filosofia dos hindus*, para indicar que um dado vocábulo "se dobra" a novos empregos. Apresenta-se em português sob o aspecto de segmentos fônicos pospostos ao radical, ou sufixos. São os sufixos flexionais, ou desinências, que não se devem confundir com os sufixos derivacionais, destinados a criar novos vocábulos.

Já o gramático latino Varrão (116 a.C.-26 a.C.) distinguia entre o processo de *derivatio voluntaria*, que cria novas palavras, e a *derivatio naturalis*, para indicar modalidades específicas de uma dada palavra.

O primeiro adjetivo destinava-se a esclarecer o caráter fortuito e desconexo do processo. As palavras derivadas, com efeito, não obedecem a uma pauta sistemática e obrigatória para toda uma classe homogênea do léxico. Uma derivação pode aparecer para um dado vocábulo e faltar para um vocábulo congênere. De *cantar*, por exemplo, deriva-se *cantarolar*, mas não há derivações análogas para *falar* e *gritar*, outros dois tipos de atividade da voz humana. Os morfemas gramaticais de derivação não constituem assim um quadro regular, coerente e preciso. Acresce a possibilidade de opção, para usar ou deixar de usar o vocábulo derivado. Foi ela que sugeriu a Varrão o adjetivo *voluntaria*. Nem todos os verbos portugueses apresentam nomes, deles derivados, e para as derivações existentes os processos são desconexos e variados. Por isso, temos *fala*, para *falar*, *consolação*, ao lado de *consolo*, para *consolar*, *julgamento*, para *julgar*, e assim por diante. Nem todos os nomes substantivos portugueses têm um diminutivo correspondente, e os que existem podem ser usados, ou não, numa dada frase, de acordo com a vontade do falante.

Já na flexão há obrigatoriedade e sistematização coerente. Ela é imposta pela própria natureza da frase, e é *naturalis* no termo de Varrão. É a natureza da frase que nos faz adotar um substantivo no plural ou um verbo na 1ª pessoa do pretérito imperfeito. Os morfemas flexionais estão concatenados em paradigmas coesos e com pequena margem de variação. Na língua portuguesa há ainda outro traço característico para eles. É a **concordância**, decorrente na sua repetição, ainda que por alomorfes, nos vocábulos encadeados. Há concordância de número singular e plural e de gênero masculino e feminino entre um substantivo e seu adjetivo, como há concordância de pessoa gramatical entre o sujeito e o verbo, e depende da espécie de frase a escolha da forma temporal e modal do verbo.

O resultado da derivação é um novo vocábulo. Entre ele e os demais vocábulos similares derivados há esse tipo de **relações abertas**, que, segundo Halliday, caracteriza o léxico de uma língua em face da sua gramática. Nesta, o que se estabelece são **relações fechadas** (HALLIDAY, 1962: 9). É uma relação fechada, por exemplo, que vigora entre *cantávamos* e todas as demais formas do verbo *cantar*, ou entre *lobos* ou *loba* e o nome básico singular *lobo*. Aí, nas palavras de Halliday, "a lista dos termos é exaustiva", "cada termo exclui os demais" e não está na nossa vontade introduzir um novo termo no quadro existente.

Ao contrário, para cada vocábulo, há sempre a possibilidade, ou a existência potencial, de uma derivação. A lista dos seus derivados não é nem exclusiva nem exaustiva.

A aplicação rigorosa desse critério só pode concorrer para trazer coerência e nitidez na descrição linguística.

38 A SUPOSTA FLEXÃO DE GRAU DO ADJETIVO EM PORTUGUÊS

Vamo-nos limitar a uma ilustração, para chegar a uma conclusão diferente do que dizem a respeito, em regra, as nossas gramáticas.

Os adjetivos portugueses apresentam comumente uma possibilidade de indicarem por meio de um morfema gramatical, adicional, o alto grau da qualidade que expressam. Temos:

(1) a. *tristíssimo*   para *triste*

    b. *facílimo*   para *fácil*

    c. *nigérrimo*   para *negro*

e assim por diante. As nossas gramáticas costumam definir o processo como uma "flexão de grau". Faltam nele, entretanto, as condições acima estabelecidas.

Em primeiro lugar, não há obrigatoriedade no emprego do adjetivo com esse sufixo de superlativo, ou grau intenso. É a rigor uma questão de estilo ou de preferência pessoal. Ou, antes, trata-se de um uso muito espaçado e esporádico, em regra, e de tal sorte que certa frequência nele logo parece abuso e excentricidade[27]. Em segundo lugar, estamos muito longe de uma sistematização coerente para todos os adjetivos, ou pelo menos para uma classe formal bem-definida, como sucede com a flexão de plural para os adjetivos portugueses em geral e para a flexão de feminino com os adjetivos terminados em -*o*. Nenhum jogo de concordância, por outro lado, como há para o número e o gênero entre o substantivo e o adjetivo.

Na realidade, o que se tem com os superlativos é uma derivação possível em muitos adjetivos, como para os substantivos há a possibilidade dos diminutivos e para alguns (não muitos) a dos aumentativos. Anote-se

---

27. Como era o caso do José Dias no *Dom Casmurro*, de Machado de Assis.

a propósito que o conceito semântico de grau abrange tanto os superlativos como os aumentativos e os diminutivos. Por isso, Otoniel Motta considerou aumentativos e diminutivos uma "flexão" dos substantivos, pelo exemplo dos superlativos (MOTTA, 1926), porque não ousou considerar os superlativos uma derivação, como são muito logicamente considerados aumentativos e diminutivos por toda gente.

Em outros termos, a expressão de grau não é um processo flexional em português, porque não é um mecanismo obrigatório e coerente, e não estabelece paradigmas exaustivos e de termos exclusivos entre si.

A sua inclusão na flexão nominal decorreu da transposição pouco inteligente de um aspecto da gramática latina para a nossa gramática.

Em latim, o morfema gramatical -issimus pertencia a um complexo flexional ao lado de -ior, próprio dos adjetivos num tipo de frase em que se estabelece a comparação entre dois termos, para se afirmar que aquele referente ao adjetivo marcado por tal sufixo é superior ao outro. Com -issimus assinalava-se que o termo superior "sobrelevava" (lat. superferre, supino superlatum, donde superlativus) a todos da sua espécie, como mostra (2):

(2) *Felicissima matrum* 'a mais feliz das mães'.

Em português a situação é outra. Para um adjetivo latino *felix* /'fɛliks/ ('feliz'), havia obrigatória e coerentemente as formas *felicier* e *felicissimus*, que se empregavam em condições bem determinadas, e sistematicamente com exclusividade, em lugar de *felix*:

(3) a.   *homo felix* 'homem feliz'

     b.   *homo felicier lupo* 'o homem é mais feliz do que o lobo'

     c.   *homo felicissimus animalium* 'o homem é o mais feliz dos animais'.

Ora, em português, só temos *feliz*. Modifica-o em cada caso um mecanismo sintático, fora da morfologia vocabular:

(4) a.   ...*mais* ... *do que*...

     b.   ...*o mais* ... *dos*...

O uso de -issimus em latim para expressar, meramente, a intensificação de uma qualidade era um subproduto do seu uso gramatical num padrão de frase comparativa; não foi ele que levou a gramaticologia latina a considerar -*issimus* dentro da flexão nominal. Se só existisse tal uso, como sucede em português, Varrão teria dito, com certeza, que se tratava de *derivatio voluntaria*.

39 SUFIXOS FLEXIONAIS EM PORTUGUÊS

Assim, os sufixos flexionais são em número relativamente pequeno em português. Acrescentemos que só se encontram entre os nomes e os verbos, a rigor.

Os nomes são vocábulos suscetíveis das flexões de **gênero** e **número** (apresentados nesta ordem). O gênero, que condiciona uma oposição entre forma masculina e forma feminina, tem como flexão básica um sufixo flexional, ou desinência -*a* (átono final) para a marca do feminino. A flexão de número, que cria o contraste entre forma singular e forma plural, decorre da presença, no plural, de um sufixo flexional, ou desinência /S/, com que a última sílaba do nome passa a terminar. Assim, o masculino e o singular se caracterizam pela ausência das marcas de feminino e de plural, respectivamente, como:

(5) a.   *peru*, masculino singular

     b.   *perus*, masculino plural

     c.   *perua*, feminino singular

     d.   *peruas*, feminino plural[28]

Em outros termos, pode-se dizer que ambos são assinalados por um morfema gramatical zero (Ø).

Muitos pronomes têm essas mesmas flexões. Basta citar:

(6) a.   *ele, eles, ela, elas*

     b.   *algum, alguns, alguma, algumas*

---

28. Para outros padrões nominais há regras complementares, que estudaremos no capítulo referente à flexão dos nomes.

O que distingue, porém, os pronomes, de maneira geral, são três noções gramaticais que neles se encontram e nos nomes não aparecem.

Uma é a noção de **pessoa gramatical**. Assim se situa a referência do pronome no âmbito do falante (1ª pessoa), no do ouvinte (2ª pessoa) ou fora da alçada dos dois interlocutores (3ª pessoa). O número, sem morfema flexional privativo seu, se integra nessa noção de pessoa gramatical. Em português, o falante pode assinalar que está associada a si outra ou outras pessoas (1ª pessoa do plural ou 4ª pessoa), ou que está se dirigindo a mais de um ouvinte (2ª pessoa do plural ou 5ª pessoa), ou que a referência é à 3ª pessoa do plural (ou 6ª pessoa). É esta noção de pessoa gramatical que caracteriza os pronomes ditos por isso mesmo **pessoais**, quer no seu emprego substantivo (pessoais *stricto sensu*) quer na função adjetiva, quando costumam receber a denominação de **possessivos**. A mesma noção é também fundamental nos três pronomes **demonstrativos** (*este, esse, aquele*), que indicam, respectivamente, posição junto ao falante, ou junto ao ouvinte, ou à parte dos interlocutores.

A noção de pessoa gramatical não se realiza, porém, por meio de flexão. Faz-se lexicalmente por vocábulos distintos. Comparem-se, por exemplo:

(7) a. *eu, tu, ele*

b. *este, esse, aquele*

A segunda noção gramatical própria dos pronomes é a existência em vários deles de um gênero neutro em função substantiva, quando a referência é a coisas inanimadas. É o que assinala a série demonstrativa *isto, isso, aquilo*. Em outros, por outro lado, há formas específicas para seres humanos, como *alguém, ninguém* e *outrem*. Também aqui, apesar de uma terminação comum *-em* (tônica nos dois primeiros e átona no terceiro), se trata a rigor de vocábulos diversos das formas gerais respectivas *algum, nenhum* e *outro*.

Há finalmente, como terceira noção gramatical privativa dos pronomes, em português, o que podemos chamar uma categoria de **casos**, se bem que muito diversa, formal, funcional e semanticamente, dos casos nominais em latim. Os pronomes pessoais, de emprego substantivo, distinguem uma forma **reta**, para sujeito, e uma ou duas formas **oblíquas**, servindo umas como complemento aglutinado ao verbo e outras como[vi] complemento regido de preposição, exemplificadas respectivamente em (8a, b, c) e (8d):

(8) a. *Falou-me.*

    b. *Viu-o.*

    c. *Disse-lhe.*

    d. *Falou de mim.*

Também, cada uma dessas formas retas e oblíquas, para a mesma pessoa gramatical, é um vocábulo de *per si*.

Assim, as três noções gramaticais características dos pronomes não entram no mecanismo flexional da língua portuguesa. São expressas lexicalmente por mudança de vocábulo. Embora haja às vezes certa semelhança fonológica, não há como supor, para as formas das diversas pessoas gramaticais, para os casos diversos e para a diversificação especial do gênero "neutro" e do gênero "animado", ou antes "humano", variações flexionais, mediante sufixos específicos, de uma forma pronominal única.

Desta sorte, em relação aos nomes e pronomes, as noções gramaticais que se expressam por flexão são apenas as do gênero masculino e feminino e as de número singular e plural. E tanto para os nomes como para os pronomes, o mecanismo flexional é aí o mesmo.

Consideremos agora os verbos, como a última classe dos vocábulos flexionais em português. Neles, figuram duas noções muito diferentes que se completam para flexionar o vocábulo verbal.

Uma, para designar o **tempo**, ou ocasião da ocorrência do que o verbo refere, do ponto de vista do momento da comunicação. A outra, que se lhe segue, indica, dentro do vocábulo verbal, a pessoa gramatical do sujeito. No sufixo flexional de tempo verbal, há a cumulação da noção de **modo** (indicativo, subjuntivo, imperativo), e, num tempo do pretérito, a do **aspecto inconcluso**, ou **imperfeito**, do processo verbal referido. Por sua vez, a flexão de pessoa gramatical implica, automaticamente, na indicação do número, singular ou plural, do sujeito.

40 VOGAIS TEMÁTICAS NOMINAIS

Uma complexidade da língua portuguesa, que prolonga uma situação latina, é a distinção que convém fazer entre radical e **tema**. O tema vem a ser o radical ampliado por uma vogal determinada, que entra assim na flexão dos nomes e dos verbos.

Em vez de *cant-*, *fal-*, *grit-*, por exemplo, temos os temas em *-a-*: *cantá-*, *falá-*, *gritá-*, que colocam esses verbos numa classe morfológica, dita 1ª conjugação. Analogamente, temos a classe dos verbos de tema em *-e-* (2ª conjugação) e a dos de tema em *-i-* (3ª conjugação).

Não é costume das nossas gramáticas estabelecer a mesma distinção para os nomes. Mas a conveniência de fazê-lo me parece inegável. Há nos nomes os temas em *-a-* (9a), os temas em *-o-* /u/ átono final (9b), e os temas em *-e-* /i/ átono final (9c):

(9) a.   *rosa, poeta, planeta*

       b.   *livro, tribo, cataclismo*

       c.   *dente, ponte, análise*

Assim não se confunde a desinência de feminino *-a*, que aparece especialmente nos temas em *-o* (*lobo, loba*) e a vogal temática em *-a*, que não é marca de gênero (cf. *poeta*, masculino; *artista*, masculino ou feminino conforme o contexto).

Nos nomes, a ausência da vogal temática cria as formas que podemos chamar atemáticas e se circunscrevem, a rigor, aos oxítonos em *-á*, *-é* ou *-ê*, *-ó* ou *-ô*, *-u* e *-i*:

(10) *alvará, candomblé, noitibó, urubu, tupi*

Os nomes terminados no singular em consoante pós-vocálica têm uma forma teórica em *-e* /i/ átono final, que se deduz dos plurais. Compare-se:

(11) a.   *feliz – felizes*

      b.   *mar – mares*

e assim por diante[29].

---

29. Nos nomes terminados em /l/, como veremos, há regras especiais que alteram superficialmente o resultado.

XI

O nome e suas flexões

41 NOMES SUBSTANTIVOS E ADJETIVOS

Já sabemos que os nomes portugueses se dividem, do ponto de vista funcional, em substantivos e adjetivos. Em princípio, não há entre as duas subdivisões uma distinção de forma. Muitos podem ser, conforme o contexto, substantivos ou adjetivos, ou seja, funcionar numa expressão como determinado ou como determinante, respectivamente. Assim, um *marinheiro brasileiro* é um marinheiro (substantivo) que é de nacionalidade brasileira (sua qualificação expressa por um adjetivo), da mesma sorte que *um brasileiro marinheiro* logo se entende como um brasileiro (substantivo) que adotou a profissão da marinha (qualificação adjetiva).

Há, entretanto, muitos nomes que são essencialmente adjetivos (*belo, grande* etc.) e outros que são essencialmente substantivos (*homem, leão* etc.). Mas ainda aqui a distinção funcional não é absoluta: *um homem leão* é aquele que tem a coragem de um leão e corresponde a *um homem corajoso*[30].

---

30. Note-se que a posição regular do adjetivo determinante, em português, é depois do substantivo determinado. "A anteposição decorre do enfraquecimento da função descritiva em proveito da reação afetiva que o predicado descrito pode carrear. Ou, em outros termos, a posposição do adjetivo é essencialmente denotativa, em contraste com a predominância de uma conotação, mais ou menos forte, que a anteposição do adjetivo implica. Compreende-se assim que adjetivos indicadores de predicados de fácil repercussão conotativa possam à primeira vista parecer indiferentes quanto à colocação. Mas essa impressão é falaz e não desce ao âmago do valor expressional da locução" (CAMARA, 1967: 104).

Isso não impede uma ligeira diferença formal entre substantivos e adjetivos. Estes, mais que aqueles, estão quase exclusivamente distribuídos nos dois temas em *-o* e em *-e*, e os de tema em *-e* (concretamente em *-e*, como *grande*, ou teoricamente em *-e*, como *feliz*, a rigor *felize, como indica o plural *felizes*) não apresentam flexão de feminino, em face de um feminino em *-a* para os de tema em *-o*:

(1) a.   *homem corajoso*

    b.   *mulher corajosa*

    c.   *homem grande*

    d.   *mulher grande*

Já os nomes que são essencialmente substantivos[vii] podem às vezes possuir um feminino em *-a*, mesmo quando são de tema em *-e*:

(2) a.   *mestre – mestra*

    b.   *autor – autora*

ou atemáticos:

(3) *peru – perua*

Essa diferença fica bem nítida nos nomes de sufixo derivacional *-ês*, teoricamente **-ese*, que, quando só são a rigor empregados como adjetivos, não têm flexão de gênero:

(4) a.   *homem cortês*

    b.   *mulher cortês*

mas apresentam essa flexão quando tanto servem como substantivos e como adjetivos:

(5) a.   *português – portuguesa* (substantivo 'habitante de Portugal')

    b.   *livro português – comida portuguesa* (em que *português* é adjetivo como determinante, respectivamente de *livro* e *comida*).

42 A FLEXÃO DE GÊNERO

A flexão de gênero é exposta de uma maneira incoerente e confusa nas gramáticas tradicionais do português.

Em primeiro lugar, em virtude de uma incompreensão semântica da sua natureza, costuma ser associada intimamente ao sexo dos seres. Ora, contra essa interpretação falam duas considerações fundamentais. Uma é que o gênero abrange todos os nomes substantivos portugueses, quer se refiram a seres animais, providos de sexo, quer designem apenas "coisas", como *casa*, *ponte*, *andaiá* – femininos; ou *palácio*, *pente*, *sofá* – masculinos[viii]. Explicar todas essas ocorrências pela metáfora, à maneira de um pansexualismo freudiano como até certo ponto tentou Leo Spitzer, embora numa focalização diacrônica (SPITZER, 1941: 339s.), não nos levaria muito longe. Depois, mesmo em substantivos referentes a animais ou pessoas há discrepância entre gênero e sexo, não poucas vezes. Assim, *testemunha* é sempre feminino, quer se trate de homem ou mulher, e *cônjuge*, sempre masculino, aplica-se ao esposo e à esposa. Para os animais, temos os chamados substantivos epicenos, como *cobra*, sempre feminino, e *tigre*, sempre masculino.

Na realidade, o gênero é uma distribuição em classes mórficas para os nomes, da mesma sorte que o são as conjugações para os verbos. A única diferença é que a oposição masculino – feminino serve frequentemente para, em oposição entre si, distinguir os seres por certas qualidades semânticas, como para as coisas as distinções como *jarro* – *jarra*, *barco* – *barca* etc., e para os animais e as pessoas a distinção do sexo, como em *urso* – *ursa*, *menino* – *menina*. Ora, as conjugações verbais não têm a menor implicação semântica, e nada em sua significação faz de *falar* um verbo da 1ª conjugação, de *beber* um verbo da 2ª ou, de *partir*, um verbo da 3ª conjugação.

O mais que podemos dizer, porém, em referência ao gênero, do ponto de vista semântico, é que o masculino é uma forma geral, não marcada, e o feminino indica uma especialização qualquer (*jarra* é uma espécie de "jarro", *barca* um tipo especial de "barco", como *ursa* é a fêmea do animal chamado *urso*, e *menina*, uma mulher em crescimento na mesma idade dos seres humanos denominados como "menino")[ix].

A segunda incoerência e confusão na descrição do gênero em português está em não se ter feito a distinção imprescindível entre flexão de gênero e certos processos lexicais ou sintáticos de indicar o sexo.

É comum lermos nas nossas gramáticas que *mulher* é o feminino de *homem*. A descrição exata é dizer que o substantivo *mulher* é sempre feminino, ao passo que outro substantivo, a ele semanticamente relacionado, é sempre do gênero masculino. Na descrição da flexão de gênero em português não há lugar para os chamados "nomes que variam em gênero por heteronímia". O que há são substantivos privativamente masculinos, e outros, a eles semanticamente relacionados, privativamente femininos. Tal interpretação, a única objetiva e coerentemente certa, se estende[x] aos casos em que um sufixo derivacional se restringe a um substantivo em determinado gênero, e outro sufixo, ou a ausência de sufixo, em forma nominal não derivada, só se aplica ao mesmo substantivo em outro gênero. Assim, *imperador* se caracteriza, não flexionalmente, pelo sufixo derivacional *-dor*, e *imperatriz*, analogamente, pelo sufixo derivacional *-triz*. Da mesma sorte *galinha* é um diminutivo de *galo*, que passa a designar as fêmeas em geral da espécie "galo", como *perdigão* é um aumentativo limitado aos machos da "perdiz". Dizer que *-triz, -inha* ou *-ão* são aí flexões de gênero é confundir flexão com derivação.

Da mesma sorte, não cabe para os substantivos "epicenos", referentes a certos animais, falar numa distinção de gênero expressa pelas palavras *macho* e *fêmea*. Em primeiro lugar, o acréscimo não é imperativo e podemos falar (como usualmente fazemos) em *cobra* e *tigre* sem acrescentar obrigatoriamente aqueles termos. Em segundo lugar, o gênero não mudou com a indicação precisa do sexo. Continuamos a ter *a cobra macho*, no feminino, como assinala o artigo feminino *a*, e com o artigo masculino *o* continuamos a ter masculino *o tigre fêmea*[31].

---

31. *Macho* e *fêmea* funcionam como substantivos apostos, e por isso não concordam em gênero com o substantivo determinado.

As divisões das nossas gramáticas a respeito do que chamam inadequadamente "flexão de gênero" são inteiramente descabidas e perturbadoras na exata descrição gramatical[32].

A flexão de gênero é uma só, com pouquíssimos alomorfes: o acréscimo, para o feminino, do sufixo flexional -*a* (/a/ átono final) com a supressão da vogal temática, quando ela existe no singular:

(6) a.   *lob(o) + a = loba*

    b.   *autor + a = autora*

43 A DESCRIÇÃO DO MECANISMO DO GÊNERO NOMINAL

Os alomorfes são os seguintes:

1) O par opositivo em (7) indica a distinção de gênero por uma alternância vocálica da vogal tônica final do morfema lexical /o/–/ɔ/:

(7) *avô – avó*

2) As formas teóricas em /oN/, o mais das vezes com o masculino concreto -*ão*, perdem o travamento nasal ao acrescentar a desinência de feminino -*a*:

(8) a.   *bom* /boN/ – *boa*

    b.   *leão* (*/leoN/) – *leoa*

3) O sufixo derivacional aumentativo */oN/ (no singular, concretamente -*ão*) transfere o travamento nasal pós-vocálico /N/ para a sílaba seguinte como consoante /n/, antes de acrescentar a desinência de feminino:

(9) *valentão* (*/valeNtoN/) – *valentona*

4) Os radicais em /aN/ com tema em -*o* suprimem a vogal do tema, no feminino:

(10) a.   *órfão – órfã*

    b.   *irmão – irmã*

---

32. A Nomenclatura Gramatical Brasileira ainda mais perturbou a descrição, criando a divisão dos "sobrecomuns" para distinguir dos epicenos (nomes de animais) os nomes de pessoa, que, como *testemunha*, não mudam de gênero.

5) O sufixo derivacional -*eu* (em que o tema em -*o* se revela na vogal assilábica do ditongo) suprime a vogal do tema e, em virtude do hiato -*ea*, desenvolve uma ditongação /eⁱ/ diante do /a/, o que é um fenômeno fonológico geral em português para /e/ tônico em hiato. Ao mesmo tempo, há uma alternância entre timbre fechado e timbre aberto para a vogal tônica, no masculino e no feminino, respectivamente:

(11) *europeu – europeia*

6) Alternância análoga, no âmbito das vogais médias posteriores, sucede, quando a forma teórica do nome é com vogal tônica aberta (média de 1º grau), que passa a fechada (média de 2º grau), no masculino. Daí no sufixo derivacional -*osa* (*/ɔz/) o masculino -*oso* com /oz/ e ainda:

(12) a.   *grossa* (*/grɔs/) – *grosso* (com /os/)

b.   *ova* (*/ɔv/) – *ovo*

Cria-se então, como já vimos, uma distinção submorfêmica /ɔ/ – /o/, além da oposição desinencial Ø – /a/.

Essas alomorfias se resolvem pelo dicionário, em que basta haver uma entrada para a forma teórica, em vez de se averbar simplesmente a forma de masculino.

Da mesma sorte, é ao dicionário que cabe informar sobre a chamada heteronímia no gênero, que não é mais do que a restrição a um gênero único de determinado membro de um par semanticamente opositivo. Por exemplo: *homem*, registrado como masculino, com uma remissão a *mulher*, por sua vez registrada como feminino.

Nisto estamos de acordo com Noam Chomsky no sentido de que a descrição gramatical deve ser completada com as informações de um dicionário, ou léxico, entendido como destinado a "todas as propriedades de um formativo que são essencialmente idiossincráticas" (CHOMSKY, 1966: 87), e que assim "consiste de uma série não ordenada de entradas léxicas e certas regras redundantes" (p. 142). Nem há nisso uma grande novidade, como reconhece o próprio Chomsky, ao citar a caracterização do léxico por Bloomfield como "a lista das irregularidades básicas de uma língua" e ao lembrar a observação muito anterior de Sweet de que "a gramática trata dos fatos gerais da língua, a lexicologia dos fatos especiais" (p. 214, n.16).

É preciso não esquecer, entretanto, que a flexão de gênero é, em princípio, um traço redundante nos nomes substantivos portugueses. E muitos substantivos não a têm sequer. O que há são substantivos de tema em *-a*, em *-o*, em *-e* ou atemáticos, que possuem um gênero determinado implicitamente pelos adjetivos de tema em *-o* (estes sempre com a flexão de gênero pela oposição *-o*: *-o* + *-a* = *-a*), que, quando presentes, têm de ir para o gênero do substantivo que determinam. Assim, *casa* é feminino, porque se tem de dizer *casa larga*, e *poeta* é masculino, porque a expressão correta é *poeta maravilhoso*.

Esta situação, que já era a vigente em latim, como bem ressalta Vendryes (VENDRYES, 1921: 111), torna-se um mecanismo preciso e nítido em línguas que, como o grego e o português, têm a partícula chamada "artigo", sempre implicitamente possível de se antepor a um nome substantivo[33]. Assim, o artigo, que, como partícula pronominal adjetiva, tem uma função significativa bem definida, como veremos ao tratar do pronome, tem a mais a função de marcar, explícita ou implicitamente, o gênero dos nomes substantivos. O mecanismo da sua flexão de feminino obedece à regra geral do acréscimo da desinência *-a*. A vogal da forma geral masculina, não marcada, em *o*, átono final, como partícula proclítica, é suprimida regularmente. Obtém-se assim um feminino *a*, que é teoricamente (*o*)+*a*, com cumulação de radical e desinência.

As gramáticas escolares podem, portanto, ensinar o gênero dos nomes substantivos na base da forma masculina ou feminina do artigo, que eles implicitamente exigem.

---

33. Mesmo quando não se usa o artigo, como em nomes especiais de cidade (*Londres*, *Paris* etc.), ele aparece se se antepõe ao nome da cidade um adjetivo: *a formidável Londres, a aprazível Paris*. Note-se que esses nomes de cidade têm variação livre quanto ao gênero, como sucede noutro setor semântico com *personagem*: *o formidável Londres, o aprazível Paris*. No feminino escolhe-se o gênero na base de ideia de "cidade"; no masculino, opta-se pelo gênero geral ou não marcado.

A descrição do gênero nominal, que acabamos de discutir, sugere algumas regras, muito diferentes das que confusa e incoerentemente oferecem as nossas gramáticas:

1) Nomes substantivos de gênero único:

(13) (*a*) *rosa*, (*a*) *flor*, (*a*) *tribo*, (*a*) *juriti*, (*o*) *planeta*, (*o*) *amor*, (*o*) *livro*, (*o*) *colibri*

2) Nomes de dois gêneros sem flexão:

(14) a.　　　(*o, a*) *artista*

　　 b.　　　(*o, a*) *intérprete*

　　 c.　　　(*o, a*) *mártir*

3) Nomes substantivos de dois gêneros, com uma flexão redundante:

(15) a.　　　(*o*) *lobo*, (*a*) *loba*

　　 b.　　　(*o*) *mestre*, (*a*) *mestra*

　　 c.　　　(*o*) *autor*, (*a*) *autora*

44 A FLEXÃO DE NÚMERO

A outra flexão nominal é a de número.

Aqui, o conceito significativo é muito mais simples e coerente. Trata-se da oposição entre um único indivíduo e mais de um indivíduo. Apenas, cabe ressalvar a situação especial dos **coletivos**, em que a forma singular envolve uma significação de plural. É uma peculiaridade da língua interpretar uma série de seres homogêneos como uma unidade superior, que, como unidade, vem no singular. Mas, visto que na língua "tudo é oposição", como sabemos desde Saussure (SAUSSURE, 1922: 166), o coletivo pressupõe sempre em português, como em qualquer outra língua, a existência do conceito e do nome para os indivíduos componentes homogêneos. *Árvore* ou *casa* não são coletivos, embora sejam conceptualmente passíveis de uma divisão em partes. Mas *rama* ou *folhagem* o são como coleção de *folhas*, *povo* o é porque pressupõe o indivíduo *cidadão*, e assim por diante.

Também sucede uma situação inversa. A forma plural do nome se reporta a um conceito linguisticamente indecomponível, embora fora da língua se possa entender como uma série de partes componentes. Tal é o caso de *núpcias*, em português, ou de *exéquias*, ou de *funerais*. Referem-se a um contínuo de atos, vistos, linguisticamente, apenas em globo, sem apresentarem portanto um singular mórfico correspondente.

Outra aplicação semântica do plural, diversa da sua oposição a um singular, é o seu uso em alguns substantivos para indicar amplitude: *trevas*, *céus*, *ares*, e assim por diante. Aí há um singular, muito mais ou muito menos usado, como *treva*, *céu*, *ar*, correspondente, em que esse conceito de amplitude deixa de se expressar através de um morfema flexional de plural.

Tanto o plural para a indecomposição linguística de uma série de partes componentes como para a expressão da amplitude foram reunidos na gramática greco-latina sob a designação de *pluralia tanta*, ou, menos adequadamente, "plural majestático". Esta última denominação, com a sua contraparte, que é a expressão pejorativa, se refere melhor a um emprego do plural, oposto ao singular, para acentuar exaltação ou desprezo. Aí, o recurso gramatical da flexão de plural é utilizado, já fora da gramática, para fins estilísticos, a fim de **conotar**, isto é, provocar no ouvinte uma reação afetiva, em vez de **denotar**, ou seja, trazer uma contribuição para o entendimento do significado. O processo estilístico é especialmente encontradiço no uso em plural do nome próprio de um personagem, como em (16):

(16) "*(...) o que fizeram os Heráclitos, os Platões na Antiguidade...*"

ou, pejorativamente, como em (17) – extraído de Bocage (1902: 201):

(17) "*Vós, ó Franças, Semedos, Quintanilhas, / Macedos, e outras pestes condenadas...*"[xi]

A oposição singular – plural permeia todo o conjunto de nomes portugueses. Aplica-se não só ao que em Matemática se chama "quantidades descontínuas", vistas como um indivíduo e sua soma, mas também aos "nomes de massa" ou "quantidades contínuas" em que falta a conceituação de indivíduos componentes, como *açúcar*, *farinha*, *ferro* etc. Neste último caso, a oposição é entre uma única qualidade ou mais de uma qualidade de substância contínua designada:

(18) *açúcares*   (vários tipos de açúcar: o refinado, o grosso, o mascavo etc.)

45 A ALOMORFIA DE NÚMERO CONDICIONADA FONOLOGICAMENTE

Já sabemos que o morfema flexional de plural, oposto a um zero (Ø) singular, é fonologicamente o arquifonema /S/ das quatro fricativas não labiais (sibilantes: /s/ – /z/; chiantes: /ʃ/ – /ʒ/) em posição pós-vocálica final.

A sua representação fonológica como /S/ corresponde à realização do morfema diante de pausa. Esta posição parece a mais natural, desde que estamos focalizando o vocábulo formal isolado. Ela está implícita na letra <s> como signo de plural na língua escrita.

Sabemos, entretanto, que fonologicamente há outras possibilidades, que não a sibilante /s/ pressuposta na grafia tradicional. Na área do Rio de Janeiro, que aí coincide com a maior parte do Brasil e o português europeu, /s/ até nunca se realiza. Ele aparece na área sul do Brasil (tipicamente em São Paulo) diante de pausa ou de consoante surda inicial no vocábulo imediatamente seguinte dentro do mesmo grupo de força. Mas entre nós o que temos então é /ʃ/ (chiante surda). Diante de consoante sonora inicial, sem intervenção de pausa, aparece a sonora correspondente: /z/ na área de São Paulo, /ʒ/ (chiante sonora) alhures. Uma terceira possibilidade é o fonema /z/ (sibilante sonora pré-vocálica), quando se dá o fenômeno da "ligação" diante de vogal inicial, com mudança do corte silábico (*rosas abertas* /rɔ-za-za-bɛr-taʃ/).

Há assim, dentro de um dialeto regional, três, ou pelo menos dois, fonemas possíveis para o morfema flexional de plural em português. Ou em outros termos: o morfema se realiza com dois ou três alomorfes. Mais um alomorfe, que não aparece na área de /s/ ou /z/ sibilante (não chiante) pós-vocálico, é a realização do fonema comum /i/ precedente, assilábico, depois de vogal tônica. Com ele se neutraliza a oposição entre vogal simples tônica e ditongo decrescente de semivogal /ⁱ/ no plural: *pás*, plural de *pá* e *pais*, plural de *pai*, enunciados ambos /paⁱʃ/. Tal neutralização, em proveito do ditongo, entrou na tradição ortodoxa do rimário brasileiro: *nus* rimando com *azuis*, da mesma sorte que, fora da expressão do plural, *satanás* rima com *espirais* e *traz* com *mais* (CAMARA, 1953: 120-121). Então,

> só graficamente se distingue, a rigor, o masculino plural *alemães* do feminino plural *alemãs*. Nem é outra a razão da cacografia *treis* – tão radicada na nossa tradição tabelioa e burocrática – em analogia com *seis*, justamente porque não se sente contraste acústico de vogal simples para ditongo entre uma e outra palavra (CAMARA, 1953: 141).

No registro formal da pronúncia culta, porém, repõe-se a oposição quando o /S/ final se torna pré-vocálico (/z/) em ligação com uma vogal inicial seguinte: *pás atuam* /pazatuaᵘN/ distingue-se então de *pais atuam* /paⁱzatuaᵘN/. Por isso na nossa descrição podemos pôr de lado os alomorfes /ⁱʃ/ e /ⁱʒ/ decorrentes dessa ditongação. É uma decisão que tem consequências importantes na descrição morfológica do plural, como veremos adiante.

46 A ALOMORFIA PROPRIAMENTE MÓRFICA NO NÚMERO NOMINAL

Fora das alomorfias assim fonologicamente condicionadas, temos um mecanismo puramente morfológico, que vamos agora apreciar rapidamente.

Em primeiro lugar, é preciso levar em conta um alomorfe zero (Ø) para os nomes paroxítonos terminados em /S/, como *simples*, *ourives* etc. Aí a identificação do número só se faz mediante a concordância com um determinante ou determinado, conforme o caso:

(19) a.   *flor simples* (*simples*, singular)

b.   *flores simples* (*simples*, plural)

c.   *ourives perito* (*ourives*, singular)

d.   *ourives peritos* (*ourives*, plural)

Em segundo lugar, há certas estruturas nominais que sofrem mudanças fonológicas, quando se lhes acrescenta o morfema flexional /S/ de plural.

Já sabemos que os nomes terminados por consoantes no singular como em (20a) correspondem a uma forma teórica com um tema de vogal *e* (/i/ átono final), como em (20b):

(20) a. *mar, animal, paz*

b. **mare, *animale, *paze*

Ora, quando a consoante é /l/ (o alofone posterior pós-vocálico) há com a reposição da vogal do tema e o acréscimo do /S/ uma remodelação da forma do radical.

É preciso distinguir três casos:

1) /l/ pós-vocálico depois de vogal que não seja a vogal anterior alta /i/: dá-se supressão do /l/ e a ditongação da vogal temática (/i/ átono final passa de silábico a assilábico)[34]:

(21) a. **animale* : **anima(l)es* : *animais*

b. **anzole* : **anzo(l)es* : *anzóis*

c. **papele* : **pape(l)es* : *papéis*

d. **azule* : **azu(l)es* : *azuis*

2) /l/ pós-vocálico depois de /i/ átono final: há a mutação do /i/ para /e/ e as mesmas permutas procedentes:

(22) **facile* : **facele* : **face(l)es* : *fáceis*

3) /l/ pós-vocálico depois de /i/ tônico: não se dá a reposição da vogal do tema. Há apenas a supressão do /l/ ao se acrescentar o morfema flexional de plural:

(23) *sutil* : ** suti(l)s* : *sutis*

Caso, aparentemente mais complexo, é o dos nomes de singular em *-ão*, tônico ou átono. O singular neutraliza três estruturas radicais distintas, ou antes, uma estrutura de tema em *-e* e, outra, que ora tem o tema em *-e*, ora tem o tema em *-o*. Nesta última, a forma teórica coincide com

---

34. Exceto em *mal* e *cônsul*, que exibem respectivamente os plurais *males* e *cônsules*.

a forma concreta singular e o plural se faz regularmente pelo acréscimo de /S/ do plural:

(24) a. *irmão* : *irmãos*

b. *órfão* : *órfãos*

Já a vogal do tema em -*e* se combina com uma estrutura terminada em -*ã* /aN/ e outra terminada em -*õ* /oN/. A vogal do tema se incorpora como assilábica à sílaba de travamento nasal e este passa a travar o tema:

(25) a. **pãe* / paⁱN/ : *pães*

b. **leõe* / leoⁱN/ : *leões*

Donde:

(26) -*ão* : -*ãos*

(27) a. **-ãe* : -*ães* (só em *mãe* o tema teórico se realiza no singular: *mãe* > *mães*)

b. **-õe* : -*ões*

A estrutura (27b) é a mais frequente, ou antes, a estrutura geral, de sorte que a maioria dos singulares em -*ão*, sendo teoricamente **õe*, forma o plural em -*ões*. As duas outras estruturas são tão reduzidas que se podem esgotar em pequenas listas.

Essa simplicidade estrutural só é até certo ponto perturbada pela possibilidade de variação livre de duas ou três estruturas teóricas para vários nomes. Assim, para *aldeão*, temos os três plurais: *aldeões* (praticamente o normal), *aldeãos* e *aldeães*. Tanto equivale a dizer que há, para a palavra, como variantes livres, as estruturas teóricas **aldeõe*, *aldeão* e **aldeãe*. Essa variação livre não é tão frequente quanto as longas listas das nossas gramáticas vêm a sugerir. É que muitas das formas que aí se apresentam não existem na realidade na língua viva. São formas "fantasmas", lançadas pelo gramático, por motivo diacrônico, na base das terminações latinas em -*anum* (2ª e 4ª declinação), -*ānem* (3ª declinação parissilábica do tipo *panis – panis*) e -*ōnem* (3ª declinação latina imparissilábica, do tipo *leo – leonis*). Ora, não há paralelismo necessário entre essas estruturas latinas e as nossas, apesar da verdade diacrônica de que a origem das nossas está nas latinas em princípio, quando as nossas são de origem latina[35], o que nem sempre acontece (cf. port. *alazão*, de origem árabe, teoricamente na nossa sincronia **alazão*, e *gavião*, de forma teórica análoga, provavelmente de origem gótica) (NASCENTES, 1966: 24, 353).

---

35. Mas houve o processo, não menos diacrônico, da analogia, que baralhou esse paralelismo, em regra em proveito da estrutura *$-\tilde{o}e$*.

A significação geral das noções gramaticais do verbo

47 INTRODUÇÃO

Já vimos que as noções gramaticais do verbo em português abrangem os dois morfemas flexionais de tempo e modo, de um lado, e, de outro lado, de pessoa e número. Também vimos que o segundo deles não é propriamente verbal, pois serve para assinalar, apenas na forma verbal, a pessoa pronominal do sujeito, entendido como o ser de que parte o processo verbal.

Nestas condições, o que neste capítulo nos interessa exclusivamente é o primeiro desses morfemas gramaticais, que acumula em si a indicação de tempo e modo do verbo.

Ao contrário do que sucede com as flexões nominais, que acabamos de apreciar, esse estudo semântico referente ao verbo português é sumamente complexo. É talvez onde melhor se evidencia a incapacidade dos métodos da gramática tradicional para fazer justiça a uma interpretação adequada do sistema gramatical português. A situação, que até agora se nos depara, é semelhante à da interpretação dos "casos nominais" em línguas, que possuem esse tipo de flexão, como o latim na Antiguidade e o russo (e menos rigorosamente o alemão)[36] nas línguas modernas da Europa. O estudo dos

---

36. No alemão, as flexões causais estão praticamente obliteradas e substituídas pela flexão do artigo *der, die, dan.*

empregos das formas verbais, que é tradicional nas gramáticas portuguesas, nas linhas desenvolvidas pelo trabalho clássico de Epifânio da Silva Dias (DIAS, 1918: 181s.), tem sido o de fixar cada emprego concretamente, sem cogitar de depreender em cada forma uma significação geral, que, quando muito, é admitida como uma abstração, no fundo desnecessária. Desse método podemos dizer o que Jakobson nos diz do método do gramático Potebn'a sobre os casos nominais em russo: "A negação de uma significação geral é aqui levada ao extremo, e na realidade a uma *atomização* [grifo do autor] ilimitada e infrutífera das entidades linguísticas" (JAKOBSON, 1936: 240).

Ora, como afirma o mesmo Jakobson logo na frase inicial desse seu trabalho, "o problema das significações gerais das formas gramaticais constitui evidentemente a base da teoria do sistema gramatical de uma língua" (JAKOBSON, 1936: 240), e, como em seguida estabelece, é "uma pesquisa monstruosa, do ponto de vista científico (...) uma morfologia que não leva em nenhuma conta a significação das formas" (JAKOBSON, 1936: 241).

A complexidade para a interpretação do morfema flexional, propriamente verbal, em português, decorre, em primeiro lugar, da cumulação, que nele se faz, das noções de tempo e de modo, além da noção suplementar de aspecto que às vezes se inclui naquela primeira.

Já vimos que não há como difundir o tempo verbal e o modo. Aquele se refere ao momento da ocorrência do processo, visto do momento da comunicação. Este a um julgamento implícito do falante a respeito da natureza, subjetiva ou não, da comunicação que faz. Não obstante, é comum em português, como nas línguas em geral, um emprego modal dos tempos verbais. Andrés Bello o chama expressivamente um "emprego metafórico" (BELLO, 1943: 161). Nesse sentido, Jespersen associa o passado a um valor de irrealidade: "Se quisermos estabelecer uma conexão lógica entre esse uso e o uso temporal normal do pretérito, podemos dizer que o elo comum é que se nega então alguma coisa a respeito do tempo presente" (JESPERSEN, 1929:

265). O futuro para expressar dúvida, sem implicação temporal, também citado por Jespersen, é um fenômeno bem mais conhecido.

Foi o que procurei exemplificar alhures com um trecho de Alexandre Herculano a propósito da interpretação do sentido da palavra germânica *gards*, quando a suscita para logo rejeitá-la como "opinião que seria muito difícil de sustentar à vista dos vários momentos hispano-góticos". O que assim comentei:

> Outros seriam os seus propósitos se empregasse ou o futuro do presente ou o presente. Com efeito, em *(...) opinião que será muito difícil de sustentar*, já se admite a possibilidade de ela ser sustentada; e em *(...) opinião que é muito difícil de sustentar*, se vai argumentar contra opinadores reconhecidamente existentes (CAMARA, 1967a: 65).

É claro que a apreciação do modo em português tem de se firmar inicialmente nas formas modais propriamente ditas, pondo preliminarmente à margem o "emprego metafórico" dos tempos, na designação de Bello.

48 MÉTODO DE PESQUISA

Antes de prosseguir, porém, é necessário delinear o nosso método de pesquisa e apresentação.

Pretendo pautar-me, nesse particular, pelo critério de Jakobson, como ele desenvolve no seu estudo sobre o verbo russo. Eis como ele firma esse critério:

> Quando o pesquisador examina duas categorias morfológicas opostas entre si, ele parte muitas vezes do pressuposto de que as duas categorias estão em pé de igualdade e cada uma possui a sua própria significação positiva: a categoria I designa *a*, a categoria II designa *b*, ou pelo menos: I designa *a*, II designa a inexistência, a negação de *a*. Na realidade, as significações gerais das categorias correlativas se dividem de outra maneira: quando a categoria I indica a presença de *a*, a categoria II não indica essa presença, isto é, não afirma se *a* está ou não está presente. A significação geral da categoria II, em cotejo com a categoria I, limita-se a uma falta de assinalização de *a* (JAKOBSON, 1932: 74).

Dentro desse critério, podemos firmar a oposição dos modos em português.

O subjuntivo, incluindo o imperativo, assinala uma tomada de posição subjetiva do falante em relação ao processo verbal comunicado. No indicativo não há essa **assinalização**, mas não se afirma a sua inexistência. Por outro lado, o subjuntivo tem a característica sintática de ser uma forma verbal dependente de uma palavra que o domina, seja o advérbio *talvez*, preposto, seja um verbo de oração principal. O imperativo tem a assinalização subjetiva, mas não a subordinação sintática. Já o indicativo não tem nenhuma dessas duas "assinalizações", embora possa possuir, pelo critério de Jakobson, um caráter subjetivo e uma subordinação sintática. Note-se um e outra no exemplo (1a), e a assinalização de um e outra em (1b).

(1) a.   *Suponho que é verdade.*

b.   *Suponho que seja verdade.*

Já as chamadas formas nominais (infinitivo, gerúndio, particípio) são sintaticamente subordinadas, mas a subordinação se faz por uma **transformação**, no sentido de Chomsky, da forma verbal em si, ao invés de se fazer como no indicativo e no subjuntivo por uma transformação da oração em que o verbo se acha, a qual adquire então um conectivo subordinativo oracional, ou seja, uma conjunção subordinativa[xii].

49 TEMPO

Consideremos agora a noção gramatical de tempo. Ela aparece no seu desdobramento pleno no modo indicativo.

Impõe-se uma ressalva preliminar. Há na realidade, no nosso indicativo, dois sistemas verbais possíveis, um exclusivo do outro. Depende da existência, ou não, de formas específicas, marcadas, para o futuro.

O primeiro sistema, mais simples, é o usual na língua oral. Opõe apenas, entre si, um presente e um pretérito. Este é o das formas marcadas para o passado em referência ao momento da comunicação. O uso então do presente é o que se entende tradicionalmente como **presente histórico**, isto é, formas não marcadas para o pretérito, funcionando como tal. Em face do pretérito, o presente, sem a "assinalização" própria, expressa presente, futuro ou um tempo indefinido:

(2) a.   *Parto agora.*

    b.   *Parto amanhã* (ou *daqui a três dias*).

    c.   *Parto sempre de casa às 10 horas.*

em face de:

(3) a.   *Parti ontem.*

    b.   *Parti numa sexta-feira do mês passado.*

O pretérito, por sua vez, apresenta duas divisões em sentido diverso: 1) sempre dentro da noção de tempo, pode trazer a assinalização de um pretérito anterior a outro, que é o chamado pretérito mais-que-perfeito; 2) ou, então, no eixo da noção de aspecto, opõe dois conjuntos de formas verbais: um que assinala o processo inconcluso ou imperfeito (4a, b); outro, chamado "perfeito", é indiferente a essa assinalização.

(4) a.   *Eu já partia quando ele entrou.*

    b.   *Eu partia sempre de casa às 10 horas.*

O pretérito mais-que-perfeito, (5), é de rendimento mínimo na língua oral, mesmo de registro formalizado do dialeto social culto; ou se emprega, em seu lugar, o pretérito perfeito, que não está formalmente marcado, como sucede com ele; ou se substitui por uma locução de particípio com o verbo auxiliar *ter* no pretérito imperfeito (*tinha cantado* em vez de *cantara*)[xiii]:

(5) *Eu já partira* (ou *tinha partido*) *quando ele chegou.*

Neste primeiro sistema, o pretérito imperfeito é que tem o emprego "metafórico" para indicar modalmente a irrealidade, uma função que vimos, com Jespersen, caber naturalmente ao passado. Tal emprego é muito comum nas crônicas de *A Semana* de Machado de Assis, que procura assumir um registro coloquial. Eis um exemplo, que já citei alhures:

(6) *Eu, se fosse Presidente da República, promovia a reforma da Constituição para o único fim de chamar-me governador. Ficava assim um governador cercado de presidentes, ao contrário dos Estados Unidos da Amé-*

rica do Norte, e fazendo lembrar Napoleão, vestido com a modesta farda lendária, no meio dos seus marechais em grande uniforme (cf. CAMARA, 1967a: 74-75).

No segundo sistema superpõe-se à oposição presente – pretérito outra na base da noção de futuro. Então, o futuro do presente, como o chamou Said Ali (ALI, 1930: 225s.), traz a assinalização do futuro em face de um presente indefinido:

(7) a. *Parto agora.*

b. *Parto todos os dias.*

em face de:

(8) *Partirei amanhã.*

Já o futuro do pretérito (sempre na terminologia de Said Ali, em boa hora adotada pela Nomenclatura Gramatical Brasileira) assinala um pretérito posterior a um momento passado do ponto de vista do momento em que se fala. Assim nos diz Alexandre Herculano no *Eurico*:

(9) *Sabia que os árabes derramados já pela Galícia não tardariam a envolver na torrente das suas assolações a antiga cidade romana* (cf. CAMARA, 1967a: 47).

O uso muito menos frequente do futuro do pretérito, em face do futuro do presente, se explica pelas condições muito especiais em que ele tem cabimento.

> Decorre principalmente da circunstância de que a visualização de um momento, já passado, como futuro em relação a outro momento passado que lhe foi anterior – em vez de simplesmente passado em relação ao presente – só se impõe em casos particulares da expressão linguística,

como comentei noutro trabalho, acrescentando:

> É preciso que o sujeito falante, reportando-se ao passado e continuando a situar-se no presente, considere dessa posição, por assim dizer ubíqua, o que ocorreu posteriormente ao momento do passado a que assim se reportou. O mais natural é que se coloque, para isso, exclusivamente no presente (CAMARA, 1967a: 30).

Exemplifiquemos com uma narrativa imaginária:

(10) "O menino nasceu no dia 3 na velha casa da fazenda. Daí por diante, cresceria em plena liberdade, como um animalzinho selvagem".

Por isso, o uso mais frequente do futuro do pretérito é o "metafórico", para a expressão da irrealidade, o que sugeriu para esse tempo a denominação de "condicional", contra a qual se insurgiu com razão Said Ali[37].

50 O MODO SUBJUNTIVO E O IMPERATIVO

O modo subjuntivo tem os três tempos de presente, pretérito e futuro. A divisão tripartida não é, entretanto, fiel à realidade linguística. Na verdade, há duas divisões dicotômicas que se complementam.

De um lado, temos uma oposição entre presente e pretérito, em que o pretérito é a forma marcada. Indica diretamente o passado nas orações independentes precedidas do advérbio *talvez*, ou, em orações subordinadas, se relaciona com um indicativo pretérito da oração principal:

(11) a.   *Talvez fosse verdade.*

    b.   *Supus que fosse verdade.*

Comparem-se no presente:

(12) a.   *Talvez seja verdade.*

    b.   *Suponho que seja verdade.*

De outro lado, temos uma oposição entre pretérito e futuro nas orações subordinadas que estabelecem uma condição prévia do que se vai comunicar:

(13) a.   *Se fosse verdade, eu partiria* (ou *partia*) *sem demora.*

    b.   *Se for verdade, eu partirei* (ou *parto*) *sem demora.*

---

37. Para um histórico da questão terminológica, pode-se consultar o meu trabalho *A forma verbal portuguesa em -ria* (CAMARA, 1967a: 3-13).

Note-se que nesta oposição o pretérito indica a irrealidade[xiv], enquanto o futuro é indiferente a esse modo de encarar a comunicação: *se for verdade* sugere que pode ser verdade ou não.

É claro que a condição não é necessariamente expressa pela partícula condicional *se*. Pode exprimi-la uma oração marcada pela partícula *quem*, ou *quando* e assim por diante:

(14) a.   *Assim que fizesse sol, eu sairia de casa.*
    b.   *Quem quiser, poderá procurar-me.*

Desta sorte, o verdadeiro quadro dos tempos no modo subjuntivo é o seguinte:

1) orações não condicionais: a) pretérito; b) presente;
2) orações condicionais: a) pretérito; b) futuro.

Ou, noutra disposição:

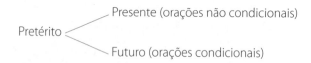

O imperativo, como já vimos, não é mais que um subjuntivo sem o elo da subordinação sintática. Por isso, confunde-se formalmente com ele no verbo negativo e mesmo no afirmativo, fora da 2ª pessoa gramatical do singular e a 2ª do plural ou 5ª pessoa, que só aparece nos verbos portugueses em registros especiais da língua escrita. Mesmo nessas pessoas pode ter uma forma coincidente com o subjuntivo presente (só tem o tempo presente como a forma mais indefinida do subjuntivo):

(15) "*Seja teu mundo essa encurvada ponte / que, sobre o rio, trêmula, se inclina, / e esse trecho de céu que te ilumina / alarga, franca, e pensativa fronte!*" (CARVALHO, 1923: 209).

51 FORMAS NOMINAIS DO VERBO

Resta uma apreciação semântica, nas mesmas linhas, das chamadas formas nominais, cujos nomes tradicionais são **infinitivo**, **gerúndio** e **particípio**.

Aqui, a oposição é aspectual e não temporal. O infinitivo é a forma mais indefinida do verbo. A tal ponto, que costuma ser citado como o nome do verbo, a forma que de maneira mais ampla e mais vaga resume a sua significação, sem implicações das noções gramaticais de tempo, aspecto ou modo. Entre o gerúndio e o particípio há essencialmente uma oposição de aspecto: o gerúndio é "imperfeito" (processo inconcluso), ao passo que o particípio é de aspecto concluso ou perfeito. O valor de pretérito ou de voz passiva (com verbos transitivos), que às vezes assume, não é mais que um subproduto do seu valor de aspecto perfeito ou concluso.

Entretanto, o particípio foge até certo ponto, do ponto de vista mórfico, da natureza verbal. É no fundo um adjetivo com as marcas nominais de feminino e de número plural em /S/. Ou em outros termos: é um nome adjetivo, que semanticamente expressa, em vez da qualidade de um ser, um processo que nele se passa. O estudo morfológico do sistema verbal português pode deixá-lo de lado, porque morfologicamente ele pertence aos adjetivos, embora tenha valor verbal no âmbito semântico e sintático.

O gerúndio, ao contrário, é morfologicamente uma forma verbal. Mesmo como determinante de um substantivo (para indicar um processo que nele se passa) não concorda com ele nem em número nem em gênero.

XIII

A flexão verbal portuguesa – o padrão geral

52 FÓRMULA GERAL DO VOCÁBULO VERBAL

O verbo é em português o vocábulo flexional, por excelência, dada a complexidade e a multiplicidade das suas flexões. As duas noções gramaticais de tempo e modo, de um lado, e, de outro lado, de pessoa e número do sujeito, que a forma verbal indica em princípio, correspondem a duas desinências, ou sufixos flexionais, que podemos chamar, respectivamente, sufixo modo-temporal (SMT) e sufixo número-pessoal (SNP). Eles se aglutinam intimamente num global sufixo flexional (SF), que se adjunge ao tema do verbo (T), constituído pelo radical (R) seguido da vogal temática (VT) da conjugação correspondente.

No padrão geral dos verbos portugueses o radical é uma parte invariável. Constituído de um morfema lexical, acrescido, ou não, de um ou mais morfemas derivacionais, ele nos dá a significação lexical, permanente, do verbo. A indicação das noções gramaticais (1 – modo e tempo, 2 – número e pessoa) cabe ao sufixo flexional com seus dois constituintes aglutinados.

Assim, temos uma fórmula geral da estrutura do vocábulo verbal português:

(1)   T (R + VT) + SF (SMT + SNP)

Levando-se em conta a alomorfia de cada um dos sufixos flexionais e a possibilidade de zero (ø) para um deles ou ambos, tem-se nesta fórmula a regra geral da constituição morfológica do verbo português.

A cumulação num único morfema das noções de modo e tempo determina evidentemente, em princípio, treze sufixos modo-temporais. Só esporadicamente há neles alomorfia na base da classe mórfica, ou **conjugação**, a que o verbo pertence.

Da mesma sorte, há seis sufixos número-pessoais, para indicarem como sujeito o falante ou P(essoa) 1, o falante e mais alguém ou P(essoa) 4, um ouvinte ou P(essoa) 2, mais de um ouvinte ou P(essoa) 5, um ser ou mais de um ser distintos do falante e do ouvinte, ou seja, respectivamente, P(essoa) 3 e P(essoa) 6.

Em referência às classes mórficas, ou conjugações, em que se distribuem os nossos verbos, a divisão tripartida é uma aproximação da realidade. Na verdade, em face de uma 1ª classe, ou conjugação I (C I), há outra classe que em certas formas se divide numa conjugação II (C II) e numa conjugação III (C III).

É curioso observar que essa análise nunca foi tentada em nossas gramáticas de maneira cabal e coerente. Nem Said Ali, talvez o melhor descritivista gramatical que tivemos para o português, se deu conta do problema. Enfrentou-o em parte, mas insatisfatoriamente, João Ribeiro (RIBEIRO, 1923). Em Portugal, Ribeiro de Vasconcelos executou uma análise diacrônica, partindo dos constituintes em latim para depreender os seus aspectos na língua portuguesa atual. Já sabemos como tal método é um equívoco na descrição sincrônica (VASCONCELOS, 1900).

O método por que propugnamos já foi exposto num capítulo anterior para exemplificar o que se entende por comutação em análise descritiva. Focalizamos então a forma verbal *falamos*.

Aqui vamos apenas apresentar metodicamente os resultados, componente por componente, para o padrão geral dos verbos portugueses, justamente aqueles que a gramática tradicional considera os verbos "regulares".

Considerando as seis pessoas gramaticais, não levamos em conta que a 5ª, ou 2ª do plural, é de um rendimento mínimo, pois está circunscrita a certos registros especiais da língua escrita. Também nos abstraímos da circunstância de que a 2ª pessoa só esporadicamente aparece na fala coloquial culta da área do Rio de Janeiro. No dialeto geográfico e social, que é a base deste livro, o ouvinte, no singular e plural, como sujeito, leva o verbo para a 3ª e a 6ª pessoa respectivamente. Em vez dos pronomes de 2ª e 5ª pessoa gramatical, usam-se, conforme os graus de intimidade ou distanciamento social, para sujeito, os nomes *você(s)* e *(o, a)(s) senhor(a)(s)*[xv] com o verbo morficamente na 3ª ou na 6ª pessoa, segundo se trate de um ouvinte apenas ou mais de um.

Também, entre os sufixos modo-temporais, não levamos em conta o pouco rendimento do pretérito mais-que-perfeito, já aqui salientado. Nem a obsolescência da área do subjuntivo não subordinado, ou imperativo, invadida pelo indicativo.

O objetivo longínquo de servir com este livro de ponto de partida para a gramática escolar da língua nos aconselha a essa atitude conservadora. Afinal de contas, todos esses usos ainda se encontram alhures na vasta área da língua portuguesa em Portugal e no Brasil.

53 DESCRIÇÃO DO PADRÃO GERAL DO VOCÁBULO VERBAL

As primeiras regras a descrever na análise dos verbos portugueses em seu padrão geral são as referentes à distribuição do acento. Já sabemos como a condição de tônica, pretônica, postônica não final e postônica ou átona final altera fonologicamente o vocalismo português. Daí decorrem alomorfes fonologicamente condicionados, que apreciamos para o registro formal da língua culta da área do Rio de Janeiro. Em regra, no verbo português, a tonicidade incide na vogal temática, que assim entra no quadro pleno das vogais portuguesas. A vogal temática só é átona final em P1, P2, P3 e P6 do indicativo presente, incluindo-se neste caso[xvi] P2 do subjuntivo não subordinado ou imperativo. Temos então na 1ª conjugação para /a/ o alofone posterior, ou "abafado" da posição átona final, e na 2ª e 3ª conjugação uma confluência de formas, determinada pela neutralização fonológica entre /e/ e /i/. A língua escrita adota então uma grafia com a letra <e>. Nos dois futuros ela é pretônica, pois o acento incide no sufixo modo-temporal. Mas para o português do Brasil isso não traz outra consequência senão o "abafamento" alofônico de /a/, na 1ª conjugação. A distinção pretônica entre /e/ e /i/ mantém separadas as conjugações 2ª e 3ª.

Há, entretanto, uma outra possibilidade para a vogal temática. É ela ser zero. Em P1 do indicativo presente a sua eliminação resulta da adjunção do alomorfe -o (/u/ átono final) do sufixo número-pessoal, em virtude da lei fonológica geral de que o acréscimo de um novo constituinte que começa ou se resume numa vogal leva à superação da vogal átona final:

(2) a. /'ama/ + /u/ = /'amu/ *amo*

b. /'temi/ + /u/ = /'temu/ *temo*

c. /'parti/ + /u/ = /'partu/ *parto*

No subjuntivo presente, o sufixo modo-temporal (-e, na 1ª conjugação; -a na 2ª e na 3ª) conduz pelo mesmo motivo à eliminação da vogal temática:

(3)

a.			b.			c.		
ama+e	=	*ame*	teme+a	=	*tema*	parte+a	=	*parta*
ama+es	=	*ames*	teme+as	=	*temas*	parte+as	=	*partas*
ama+e=	=	*ame*	teme+a	=	*tema*	parte+a	=	*parta*
ama+emos	=	*amemos*	teme+amos	=	*temamos*	parte+amos	=	*partamos*
ama+eis	=	*ameis*	teme+ais	=	*temais*	parte+ais	=	*partais*
ama+em	=	*amem*	teme+am	=	*temam* /auN/	parte+am	=	*partam* /auN/

Fora dessas formas verbais de vogal temática átona final, ditas **rizotônicas**, porque o acento passa a incidir na vogal do radical, a vogal temática tônica (ou pretônica nos futuros do indicativo) caracteriza nitidamente a classe ou conjugação da forma verbal. Há apenas uma circunstância curiosa na 1ª conjugação. Nas formas, como *amei* e *amou*, da P1 e P3 do indicativo pretérito perfeito, o cotejo com as formas correspondentes da 2ª e 3ª conjugações (*temi, parti; temeu, partiu*) nos conduz a considerar simetricamente *-e-* e *-o-* como alomorfes da vogal temática *-a*. Em P3, assimetria é evidente:

(4) a.   tem e u /ᵘ/

    b.   part i u /ᵘ/

    c.   am o u /ᵘ/

Em outros termos, à vogal temática se acrescenta, como sufixo número--pessoal, a vogal assilábica *-u*, sendo zero o sufixo modo-temporal.

Em P1 devemos levar em conta que a vogal temática da 2ª e da 3ª conjugação é igualmente *-i-* (neutralização entre as duas conjugações), e um sufixo número-pessoal *-i* assilábico se funde com a vogal temática *-i-* da 2ª e 3ª conjugações e se ditonga com o alomorfe *-e-* da vogal temática da 1ª conjugação:

(5) a.   temi

    b.   parti

    c.   am e i /ⁱ/

O alomorfe *-o-*, em vez de *-a-*, para a vogal temática da conjugação 1, é compreensível, uma vez que não há nos verbos portugueses uma vogal temática /o/. Para a interpretação de *amei* pode-se objetar que /e/ já é vogal temática da 2ª conjugação. Mas justamente nessa forma verbal a 2ª conjugação conflui com a 3ª e tem a vogal temática /i/. Por isso, a presença de /e/ logo indica que neste caso se trata da 1ª conjugação, tão bem como indicaria a vogal /a/. Nada mais expressivo para mostrar como a forma linguística não se identifica com a substância fônica e continua bem individualizada enquanto se mantém a oposição, embora deslocada em suas substâncias, que a distingue de outra forma (aqui /e/ – /i/ em vez de /a/ – /e/).

Convém resumir todas essas considerações relativas às vogais temáticas e consequentes temas no padrão geral dos verbos portugueses.

Antes de fazê-lo, de acordo com a técnica descritiva iniciada por Pā-nini, adotemos uma representação acrográfica para os modos e tempos portugueses:

Indicativo	**Id**	Presente	**Pr**
Subjuntivo não subordinado ou Imperativo	**Sb₁**	Pretérito imperfeito	**Pt₁**
Subjuntivo subordinado ou propriamente dito	**Sb₂**	Pretérito perfeito	**Pt₂**
Infinitivo	**If**	Pretérito mais-que-perfeito	**Pt₃**
Gerúndio	**Gd**	Futuro do presente	**Ft₁**
Particípio	**Pa**	Futuro do pretérito	**Ft₂**

Daí, o seguinte resultado:

C I:

Marca	/a/ tônico geral
	/a/ pretônico em $IdFt_1$, Ft_2
	/a/ átono final em P2 do Sb_1, e P2, P3 e P6 do IdPr
Alomorfia	/e/ em P1 do $IdPt_2$
	/o/ em P3 do $IdPt_2$
	Ø em Sb_2Pr e P1 do IdPr

C II:

Marca	/e/ tônico geral
	/e/ pretônico em $IdFt_1$, Ft_2
	/e/ átono final com a supressão da oposição /e/ – /i/ em P2 do Sb_1 e P2, P3 e P6 do IdPr
Alomorfia	Ø em Sb_2Pr e P1 do IdPr
	Confluência com C III em $IdPt_1$, P1 de $IdPt_2$ e Pa

C III:

Marca	/i/ tônico geral
	/i/ pretônico em IdFt$_1$, Ft$_2$
	/i/ átono final com a supressão da oposição /i/ – /ê/ em P2 do Sb$_1$ e P2, P3 e P6 do IdPr
Alomorfia	Ø em Sb$_2$Pr e P1 do IdPr

É claro que qualquer forma em que a vogal temática é tônica dá distintamente a conjugação do verbo. A escolha do infinitivo para isso, em nossas gramáticas, não passa de uma convenção da descrição, em virtude da circunstância de ser o infinitivo, como já vimos, a forma verbal mais indefinida quanto às noções gramaticais.

Isto posto, apreciemos os dois componentes do sufixo flexional SF, começando pelo último, ou seja, o sufixo número-pessoal SNP.

Pessoa	Marca geral	Alomorfias
P1	Ø	-o átono final em P1 do IdPr
		-i assilábico em IdPt$_2$ (fundindo-se com a vogal temática -i em C II e C III)
		-i assilábico em IdFt$_1$
P2	/S/ -s	Ø em Sb$_1$
		-ste em IdPt$_2$
P3	Ø	-u assilábico em IdPt$_2$
P4	-mos	
P5	-is assilábico, ditongando-se com a vogal temática ou a vogal final de SMT	-stes em IdPt$_2$
		-i assilábico em Sb$_1$ (fundindo-se com a vogal temática em C III)
		-des em SbFt[39]
P6	/N/, escrito <m>	fonologicamente condicionada: /^{u}N/, escrito -<m> diante de /a/

---

38. Nos radicais monossilábicos terminados em /e/, em C II, e em /i/, em C III, o SNP de P5 é também -des e -de, respectivamente, em IdPr e Sb$_1$:

   (i)   *credes* (R = /'kre/), *crede*   (ii)   *rides* (R = /'ri/), *ride*

Passemos ao sufixo modo-temporal (SMT), que o antecede:

Tempos e modos	Forma	Alomorfias
IdPr	Ø	
Sb$_1$	Ø	
P1, P2, P3, P4 e P5 do IdPt$_2$	Ø	
IdPt$_1$	*-va-* em C I *-ia-* em C II e C III	*-ve-* em P5 *-ie-* em P5
IdPt$_3$ e P6 de IdPt$_2$	*-ra-*	*-re-* em P5 em IdPt$_3$
IdFt$_1$	/*ra*/ tônico em P2, P3 e P6	/*re*/ tônico em P1, P4 e P5
IdFt$_2$	/*ria*/	/*rie*/ em P5
Sb$_2$Pr	*-e-* em C I *-a-* em C II e C III	
Sb$_2$Pt	/se/ escrito *–sse*	
Sb$_2$Ft e If	*-r* em P1, P3, P4 e P5	*-re-* em P2 e P6
Gr	/Ndu/, escrito *–ndo*	
Pa	*-do*	

54 ALTERNÂNCIAS SUBMORFÊMICAS NO PADRÃO GERAL

Note-se que nas 2ª e 3ª conjugações a vogal tônica do radical sofre uma alternância submorfêmica, que fortalece a oposição entre P2, P3 e P6 do IdPr com P2 do Sb$_1$, de um lado, e, de outro, P1 de IdPr e Sb$_2$Pr (na qual o vocalismo radical de P4 e P5, arrizotônicas, acompanha o das formas rizotônicas).

Em C II o radical teórico com a vogal média de 1º grau (aberta), tal como se deduz de P2 IdPr, fecha o seu timbre naquelas outras formas:

(6)

Vogal média aberta	Vogal média fechada
(P2, P3 e P6 do IdPr, P2 Sb$_1$)	(P1 de IdPr e Sb$_2$Pr)
a. */'bɛb/ cf. *bebes* /'bɛbis/	a. /'beb/ cf. *bebo* /'bebu/ *beba* /'beba/ etc.
b. */'kɔr/ cf. *corres* /'kɔris/	b. /'kor/ cf. *corro* /'koru/ *corra* /'kora/ etc.

Em C III o radical teórico com vogal média, tal como se deduz de P2 IdPr, passa a ter a vogal alta correspondente, naquelas outras formas.

(7)

Vogal média	Vogal alta
(P2, P3 e P6 do IdPr, P2 Sb$_1$)	(P1 de IdPr e Sb$_2$Pr)
a. */'fɛr/ cf. *feres* /'fɛris/	a. /'fir/ cf. *firo* /'firu/ *fira* /'fira/ etc.
a'. */'seNt/ cf. *sentes* /'seNtis/	a`. /'siNt/ cf. *sinto* /'siNtu/ *sinta* /'siNta/ etc.

163

b. */'kɔbr/	b. /'kubr/
cf. *cobres* /'kɔbris/	cf. *cubro* /'kubru/
	cubra /'kubra/
	etc.
b`. /*'som/	b. /'sum/
cf. *somes* /'somis/	cf. *sumo* /'sumu/
	suma /'suma/
	etc...[40]

Por outro lado, fonologicamente condicionada, ditonga-se a vogal radical tônica /e/ em hiato com -*o* (/u/silábico) ou -*a*:

(8)   *passeio, passeias* etc. em face de *passear* etc.[40]

---

39. Nas formas arrizotônicas, em que a tonicidade incide na vogal temática, a vogal pretônica /e, o/ do radical, em C III, passa frequentemente a vogal alta /i, u/ por causa da harmonização vocálica, que já apreciamos na fonologia. Isto determina, especialmente com a vogal posterior arredondada, uma hesitação gráfica em <o> e <u>, do radical, nas formas arrizotônicas, que a ortografia tem resolvido arbitrariamente. Daí, variantes gráficas como *tossir* e *tussir*. O melhor critério seria escrever <o> sempre que a correspondência é com um radical teórico com /ɔ, o/ tônico. Assim se escreveria *construir*, por causa de *constróis, constrói* etc., mas *instruir, influir*, por causa de *instruis* etc., *influis* etc.

40. Na segunda conjugação, em vez do que acontece na primeira, esta ditongação se estende às formas arrizotônicas de P4 e P5 de Sb$_2$Pr: *leiamos, leiais; creiamos, creiais* (cf. ao contrário: *passeemos, passeeis* etc.). Por outro lado, nas formas arrizotônicas, como já sabemos, /e/ átono em hiato passa a /i/, mesmo no registro formal. Daí, uma mera diferença gráfica de verbos em -*ear* e em -*iar*. Entre os escritos desta última maneira, *odiar, ansiar, incendiar, mediar* e *remediar* têm as formas rizotônicas *odeio* etc., *anseio* etc., *incendeio* etc., *medeio* etc., *remedeio* etc., como registrou Said Ali para o português culto do Brasil. Em outros termos, o radical teórico, tirado de P2 IdPr é */o'dea/, */aN'sea/ etc. Já formas rizotônicas como *negocio* etc. correspondem a um radical teórico */nego'sia/ etc., sem ambiente para a ditongação.

XIV

Os padrões especiais dos verbos em português

55 INTRODUÇÃO

O que nossas gramáticas alinham, em ordem alfabética, como "verbos irregulares", deve ser entendido como um desvio do padrão geral morfológico, que não deixa de ser "regular", no sentido de que é suscetível a uma padronização também. A descrição dos verbos ditos "irregulares" resume-se assim na apresentação de pequenos grupos de verbos, com certos padrões comuns, que se podem perfeitamente tornar explícitos. A enumeração desses verbos em "ordem alfabética" (isto é, por um critério ordenador externo e superficial) deve ceder lugar a novo tratamento descritivo. Ainda aqui é preciso fugir da memorização pura e simples, que é o mais inconveniente meio de aprender. Na realidade, o estudante com ela só aprende, afinal, porque consegue entrever um pouco, embora intuitivamente, as relações e coincidências que a enumeração alfabética convencional está encobrindo.

Em princípio, a "irregularidade" pode-se referir ao sufixo flexional, como vimos em nota no capítulo anterior para SNP = -des, em *credes*, *ledes* etc. Muito mais relevante é[xvii] a mudança no radical, que passa a contribuir para as noções gramaticais de modo-tempo e número-pessoa. A mudança no radical é que é verdadeiramente importante e cria uma série de padrões morfológicos verbais, que vamos apreciar no presente capítulo. Concomitantemente há constantes supressões da vogal temática.

O padrão geral assenta, essencialmente, num radical imutável, a não ser as alternâncias vocálicas de C II e C III nas formas rizotônicas, e, ainda nestas, a ditongação do /e/ tônico radical em hiato, fonologicamente condicionada.

Os padrões especiais, por sua vez, não são inteiramente caprichosos e arbitrários. Há neles uma organização imanente, que se impõe claramente depreender. Como na loucura, há uma lógica implícita, que o gramático, como naquela o psiquiatra, tem o dever de explicitar.

56 R *VERSUS* R'

O padrão especial mais relevante é o que estabelece uma oposição entre o radical de $IdPt_2$, $IdPt_3$, Sb_2Pt, Sb_2Ft e o das outras formas verbais. Podemos dizer que do radical R destas últimas formas se distingue um radical R' daqueles tempos. São ao todo quinze verbos em que isso acontece. A diferença entre R e R' vai de uma simples mudança de tema (C I *versus* C II em *dar*, C II *versus* C III em *ver*) a profundas mudanças na estrutura fonológica do radical. No mais, todas as formas de R' pertencem a C II, com uma vogal temática /ɛ/, em vez de /e/, e uma característica básica para P1 e P3 de $IdPt_2$. Estas são formas rizotônicas, sem sufixo flexional, sequer vogal temática, ou um /i/ *-e* átono final, indiferenciado. No mais, todas as formas com R' são perfeitamente regulares, ou seja, com as desinências de pleno acordo com o padrão geral.

O tema teórico é dado pela segunda pessoa do indicativo pretérito perfeito (P2 $IdPt_2$), uma vez abstraído o sufixo número-pessoal SNP *-ste*.

Temos assim:

I) R' /dɛ/, em oposição a R /da/ de *dar*. Cf. *deste*:

    (1) (eu) *dei* (C I), (ele) *deu* (mas /ê/ fechado, C II).

    R' /vi/, em oposição a R /ve/ de *ver*. Cf. *viste*:

    (2) (eu) *vi*, (ele) *viu* (regulares).

E mais:

IIa) seis verbos em que há, indiferenciado, ou não, um -*e*, átono final, com a confluência entre as duas formas número-pessoais:

(3) a. /dis/. Cf. *disseste*: (eu, ele) *disse*.

b. /kiz/. Cf. *quiseste*: (eu, ele) *quis*.

c. /ko^{u}b/. Cf. *coubeste*: (eu, ele) *coube*.

d. /o^{u}v/. Cf. *houveste*: (eu, ele) *houve*.

e. /tro^{u}s/. Cf. *trouxeste*: (eu, ele) *trouxe*.

f. /so^{u}b/. Cf. *soubeste*: (eu, ele) *soube*.

IIb) três verbos de P1 e P3 IdPt$_2$ atemáticos, opostos por uma alternância /i/ – /e/:

(4) a. /fiz/. Cf. *fizeste*: (eu) *fiz*, (ele) *fez*.

b. /tiv/. Cf. *tiveste*: (eu) *tive*, (ele) *teve*.

c. /estiv/. Cf. *estiveste*: (eu) *estive*, (ele) *esteve*.

IIc) dois verbos de P1 e P3 IdPt$_2$ opostos por uma alternância /u/ – /o/:

(5) a. /pude/. Cf. *pudeste*: (eu) *pude*, (ele) *pôde*.

b. /puz/. Cf. *puseste*: (eu) *pus*, (ele) *pôs*.

IId) um verbo de P3, P1 IdPt$_2$, opostos por uma alternância /o/ – /u/:

(6) /fo/. Cf. *foste*: (ele) *foi*, (eu) *fui*.

IIe) um verbo de P1 IdPt$_2$ atemático, e P3 IdPt$_2$, regular, mas com /u/ (SNP) silábico, oposto por uma alternância /i/ – /e/:

(7) /viN/. Cf. *vieste*, com a perda do travamento nasal por causa do hiato com a vogal temática /ɛ/: (eu) *vim*; (ele) *veio* (/veN/ perde o travamento nasal por causa do hiato com SNP /u/ silábico e sofre a ditongação de /e/ tônico em hiato).

57 R *VERSUS* R$_1$

A essas 14 estruturas de R' correspondem 15 de R, porque /fo/ se relaciona, para R, tanto com o verbo *ser* como com o verbo *ir*.

Às estruturas de R corresponde uma oposição entre R e R$_1$ nas formas rizotônicas. Ou seja: R para P2, P3 e P6 IdPr, mas R$_1$ para Sb$_2$Pr (abrangendo as formas arrizotônicas de P4 e P5) e P1 IdPr.

Podemos dividir as estruturas de R_1 em cinco grupos. Em primeiro lugar, há as que alargam o radical R, mediante a ditongação com um /i/ assilábico da vogal radical (8). Depois temos as que acrescentam[xviii] ao R um fonema ou grupo de fonemas (9). Em terceiro lugar, há as que trocam a última consoante de R (10). Consideramos num quarto tipo (11, 12 e 13), à parte, os verbos de R com travamento nasal /teN/, /poN/ e /veN/ (/viN/ em R). Finalmente, há os dois verbos correspondentes a R' /fo/, em que R é um grupo de radicais heterônimos (14 e 15).

Temos assim as seguintes estruturas de R_1[xix]:

(8) a. *caiba* etc., *caibo*: *cabes, cabe, cabem*;

b. *saiba* etc. (mas – P1 IdPr *sei*, com uma forma reduzida ao radical)[41]: *sabes, sabe, sabem*;

c. *queira* etc. (mas P1 IdPr, sem mudança, *quero*): *queres, quer* (sem vogal temática no português do Brasil), *querem*.

(9) a. *veja* etc., *vejo*: *vês, vê, veem* (para *vês, vê* com R /vê/ se funde a vogal temática);

b. *esteja* etc. (mas P1 IdPr – *estou*, sem mudança)[42]: *estás, está, estão* (R = *est*, teoricamente *st [43], donde uma vogal temática tônica).

(10) a. *diga* etc., *digo*: *dizes, diz* (sem vogal temática), *dizem*;

b. *traga* etc., *trago*: *trazes, traz* (sem vogal temática), *trazem*;

c. *faça* etc., *faço*: *fazes, faz* (sem vogal temática), *fazem*;

d. *possa* etc., *posso*: *podes, pode, podem*;

---

41. Isto é, um teórico *saib passa a *sei*.

42. Admitindo-se que o radical teórico é */ste/, com um desdobramento de um -*e* /i/ inicial para se evitar o grupo inicial /st/, tem-se um monossílabo, como */so/, */vo/. Ora, em português pode-se considerar -*ou* /ou/ como a realização em monossílabo de /o/ para um registro formal, pelo qual se procura pautar a língua escrita. Daí, *estou*, como *sou, vou*. Este argumento sincrônico me foi sugerido por Eugenio Coseriu, quando em 1962, por ocasião do IV Colóquio Luso-Brasileiro em Salvador, apresentei uma comunicação sobre "A análise mórfica do verbo em português".

43. Ver nota anterior.

e. *haja* etc. (mas P1 IdPr *hei*, com uma forma reduzida ao radical)[44]: *hás, há, hão* (teoricamente *havs*, *hav*, *hav/N/*, sem vogal temática, donde a supressão fonológica do /v/).

Os verbos de R^{xx} com travamento nasal não têm em princípio vogal temática e mudam o travamento /N/ para /ɲ/ (molhado) na sílaba seguinte:

(11) a. *tenha* etc., *tenho*: *tens, tem, têm*; *venha* etc., *venho*: *vens, vem, vêm*;

b. *ponha* etc., *ponho*: *pões, põe, põem* (com uma vogal temática indiferenciada de C II e C III).

Esses verbos perdem fonologicamente o travamento nasal /N/ diante de /r/ na mesma sílaba, no infinitivo, e o R assim modificado se estende aos futuros do indicativo:

(12) a. *ter, terei* etc., *teria* etc.;

b. *vir, virei* etc., *viria* etc. com a variante de R = /viN/, em vez de /veN/;

c. *pôr, porei* etc., *poria* etc.

Além disso, têm o indicativo pretérito imperfeito (IdPt$_1$) rizotônico, com SNP reduzido a *-a* (em vez de *-ia*) e vogal alta no radical tônico:

(13) a. *tinha* etc.;

b. *vinha* etc.;

c. *punha* etc.

Quanto aos verbos com heteronímia em R (correspondentes a R'/fo/), temos:

(14) a. R = *se*, que explica:

• If *ser*, IdFt$_1$ *serei* etc., IdFt$_2$ *seria* etc.;

•[xxi] as variantes *so-* (*somos, sois*, atemáticos) e *sa-* (P6 IdPr *são*).

a'. Em P1 IdPr *sou*, R está reduzido a *s-*[45].

---

44. Isto é, *haj* reduzido a *hei*, como *saib* a *sei* (cf. nota 41).
45. Ver nota 42.

a". Em Sb_2Pr, $R_1 = sej$ (R ampliado como em 9); donde *seja* etc.

a'''. $R = e$, ampliado em *er-* /eɾ/ em $IdPt_1$, rizotônico, com $SNP = a$ átono (em vez de *-ia*): donde – *és, é, era* etc.

b. $R = va$, que explica:

• todas as formas rizotônicas de IdPr *vou* (R reduzido a *v-*)[46], *vais, vai, vão* (sem vogal temática);

• e todo o Sb_2Pr: *vá* etc.

c. $R = i$, que explica:

• P5 IdPr *ides*;

• If. *Ir*;

• $IdFt_1$ *irei* etc.;

• $IdFt_2$ *iria* etc.;

• Gr *indo*;

• Pa *ido*;

• $IdPt_1$, *ia* etc. (C III com a vogal temática fundida na vogal radical).

Alguns verbos sem R' também apresentam a oposição R *versus* R_1:

(15) a. *requeira* etc., *requeiro: requeres, requer* (sem vogal temática no português do Brasil), *requerem*;

b. *perca* etc., *perco: perdes, perde, perdem*;

c. *valha* etc., *valho: vales, vale, valem*;

d. *meça* etc., *meço: medes, mede, medem*;

e. *peça* etc., *peço: pedes, pede, pedem*;

f. *ouça* etc., *ouço: ouves, ouve, ouvem*.

---

46. Ver nota 42.

58 PARTICÍPIOS

Resta a considerar, para os verbos portugueses em geral, um padrão especial para o particípio (Pa).

Vimos que aí o padrão geral é -*do*, precedido da vogal temática (*amado*, *temido*, *partido*, que em C II e C III conflui para /i/).

Ora, pode aparecer um particípio rizotônico, de tema nominal -*o*, e menos frequentemente -*e*, na base do radical do infinitivo ou um seu alomorfe.

Em alguns verbos providos de R' é este o único particípio existente. Em outros verbos, esse padrão especial está em variação livre com o padrão geral em -*(a)do* (C I) e -*(i)do* (C II e C III).

Podemos dividir esses padrões especiais em dois grupos:

1) na base do radical do infinitivo;

2) na base de um alomorfe do radical do infinitivo.

1) São todos verbos de C I. Dada a situação ambígua, já aqui comentada, do particípio como forma verbal e como nome adjetivo, algumas gramáticas aumentam a lista, incluindo formas que são na realidade nomes adjetivos cognatos do verbo[47]. Por outro lado, em certos dialetos sociais, alguns desses nomes adjetivos têm, com efeito, função de particípio (um bom exemplo é *limpo*, relacionado a *limpar*). No português europeu, em certos dialetos sociais, há o padrão especial, com a vogal temática -*e*, para mais alguns verbos de C I. Ora são incluídos, ora excluídos da língua literária.

(16)   a. *aceito* ou *aceite* para *aceitar*; variante do padrão geral: *aceitado*;

b. *assente* para *assentar*; variante do padrão geral: *assentado*;

c. *entregue* para *entregar*; variante do padrão geral: *entregado*;

d. *expresso* para *expressar*; variante do padrão geral: *expressado*;

e. *expulso* para *expulsar*; variante do padrão geral: *expulsado*;

---

47. Aqui seguimos o critério de Said Ali (ALI, 1930: 132s.).

f. *frito* para *fritar*; variante do padrão geral: *fritado*;

g. *ganho* para *ganhar*; variante do padrão geral: *ganhado*;

h. *gasto* para *gastar*; variante do padrão geral: *gastado*;

i. *pago* para *pagar*; variante do padrão geral: *pagado*;

j. *salvo* para *salvar*; variante do padrão geral: *salvado*;

k. *solto* para *soltar*; variante do padrão geral: *soltado*.

A gramática normativa tem procurado, sem grande resultado, regulamentar o emprego de uma ou outra forma. Na realidade, a tendência do uso linguístico é ampliar o emprego do padrão geral.

2a) Verbos em que há a oposição R – R':

(17) a. *dito* para *dizer*;

b. *feito* para *fazer*;

c. *posto* para *pôr*;

d. *visto* para *ver*;

e. *Tido* é o radical /tiN/, sem travamento nasal, por /teN/, e SMT *-do* sem vogal temática. Outra interpretação é o radical reduzido *t-* (*te-*, do infinitivo, com a supressão da vogal átona final) e o sufixo do padrão geral *-ido*.

2b) Verbos apenas com R:

(18) a. *eleito* para *eleger*; variante do padrão geral: *elegido*;

b. *enxuto* para *enxugar*; variante do padrão geral: *enxugado*;

c. *expresso* para *exprimir*; variante do padrão geral: *exprimido*;

d. *impresso* para *imprimir*; variante do padrão geral: *imprimido*;

e. *frito* para *frigir*; variante do padrão geral: *frigido*;

f. *morto* para *morrer*; variante do padrão geral: *morrido*;

g. *morto* para *matar*; variante do padrão geral: *matado*;

h. *preso* para *prender*; variante do padrão geral: *prendido*;

i. *suspenso* para *suspender*; variante do padrão geral: *suspendido*.

XV

O sistema de pronomes em português

59 OS PRONOMES PESSOAIS

Já vimos como os pronomes se caracterizam pela noção gramatical de pessoa e em que ela consiste. É uma noção que se expressa pela heteronímia, em vez da flexão, ou seja, pela mudança do vocábulo gramatical. Também já conhecemos, em princípio, o sistema desses pronomes, ditos "pessoais", cuja função básica é indicar essa noção de pessoa. Há um falante – *eu*, que pode associar a si uma ou mais pessoas – *nós*, constituindo a primeira pessoa do singular, ou P1, e a primeira pessoa do plural, ou P4. A eles se opõe um ouvinte (segunda pessoa do singular ou P2) – *tu*, ou mais de um ouvinte (segunda pessoa do plural ou P5) – *vós*. Todos os seres que ficam fora do eixo falante-ouvinte constituem a terceira pessoa do singular (P3) ou a terceira pessoa do plural (P6) – *ele*, com o feminino *ela*, e *eles*, com o feminino *elas*, respectivamente (alternância submorfêmica /e/:/ɛ/ no radical feminino).

Essas formas pronominais, ditas retas, são as dos pronomes usados em frase isolada ou como sujeito de um verbo. A seu lado, temos duas outras séries de formas, também ditas formas oblíquas. Uma é adverbal, isto é, usada como forma dependente junto a um verbo, para expressar um complemento, que fonologicamente é uma partícula proclítica ou enclítica do verbo; respectivamente: *me, nos*; *te, vos*; *o, a*, ou *lhe*; *os, as*, ou *lhes*. Outra série oblíqua é a de partículas que funcionam sob a subordinação de uma preposição; estas, na realidade, estão limitadas às formas de P1 e P2, pois para as demais pessoas funcionam as formas retas. Fonologicamente, são partículas tônicas, cabendo em regra uma posição proclítica à preposição subordinante. Alomorfes desta última série, para P1, P2, P4 e P5, são os que aparecem aglutinados à preposição *com*:

(1) (*co*)*migo*, (*con*)*tigo*, (*co*)*nosco*, (*con*)*vosco*.

A análise apreciativa dessa descrição põe em relevo certos fatos estruturais importantes.

Em primeiro lugar, nota-se uma diferença entre as formas de primeira e segunda do singular e plural (P1, P2, P4 e P5) e as formas da terceira pessoa (P3 e P6), providas de feminino e plural à maneira dos nomes, e enquadráveis no tema nominal em -*e*:

(2) a. *ele*, como *mestre;*

b. *ela*, como *mestra;*

c. *eles*, como *mestres;*

d. *elas*, como *mestras.*

Ainda no campo da terceira pessoa do singular e do plural, notamos uma oposição da série *o*, *a*, de um lado, e, de outro lado, *lhe*, correspondente à oposição entre caso acusativo e caso dativo no sistema nominal e pronominal do latim. A primeira série, que caracteriza o chamado "objeto direto", completa a significação de certos verbos ativos, em que a ação, partida do sujeito, recai diretamente num outro ser, que é o objeto dessa ação. Ao contrário, a forma *lhe* é privativa daqueles verbos ativos em que a ação culmina num objeto, dito "indireto", como um ponto terminal de referência; quando expresso por um substantivo, tal objeto se subordina ao verbo por intermédio da preposição *a*. Assim, as sentenças (3a) e (3b) transformam-se pronominalmente em (3c) e (3d) respectivamente:

(3) a. *Maria ama Pedro.*

b. *Pedro ama Maria.*

c. *Maria o ama.*

d. *Pedro a ama.*

Já (4a) ou (4b) transformam-se em (4c):

(4) a. *Pedro fala a João.*

b. *Pedro fala a Maria.*

c. *Pedro lhe fala.*

Desta sorte, nas terceiras pessoas do singular e do plural, cindem-se as formas oblíquas adverbais, proclíticas ou enclíticas fonologicamente, uma de acusativo, do tema em -*o*, com o feminino em -*a*, e outra, do dativo, com um tema em -*e*, sem variação de gênero. Uma e outra têm um plural nominal em /S/: *os, as*; *lhes.*

Por outro lado, as formas oblíquas adverbais de P4 e P5 só aparentemente são diferentes das formas retas *nós* e *vós*. A sua única marca distintiva é que, como partículas átonas, perdem a vogal média aberta /ɔ/, do quadro das vogais tônicas, e ficam na realidade com um /u/ do quadro vocálico átono final.

A terceira grande diferença dentro do sistema é, nas formas oblíquas preposicionadas, a existência das formas especiais *mim* e *ti*, em face das formas retas para as demais pessoas.

Em razão de tudo isso, temos o seguinte sistema de pronomes pessoais portugueses:

P1	eu	me	mim	comigo
P2	tu	te	ti	contigo
P4	nós			conosco
P5	vós			convosco
P3	ele (a)	o (a) lhe		
P6	+ /S/	+ /S/		

Tal quadro é, a rigor, puramente teórico; e em nenhuma região da língua portuguesa ele se realiza exatamente.

A primeira grande modificação é a perda de P5 como plural exclusivo de P2. Um novo sistema se sobrepõe em que a série *vós* é um singular, como P2, para assinalar, em contraste com a série *tu*, uma atitude de distanciamento e acatamento social para com um único ouvinte. Temos assim um desdobramento de P2 e de P5:

P2	tu	te	ti	contigo
	vós			convosco
P5	vós (plural de *tu*)			convosco
	vós (plural de *vós*)			convosco

Tal é o sistema que vigora em certos registros especiais da língua escrita, como a da linguagem burocrática.

Uma segunda grande modificação é a substituição da série *vós* para o ouvinte (singular ou plural) por um tratamento de terceira pessoa, em que se eliminam as formas verbais correspondentes a P5. Em vez da forma pronominal reta, correspondente a essa pessoa, o ouvinte é tratado, isoladamente ou como sujeito, por uma locução, em que, no tratamento de *vós* para P2, nos dirigimos a uma sua qualidade, com a matização do acatamento e da hierarquia social expressa pela escolha de um substantivo adequado:

(5)   *Vossa Alteza, Vossa Excelência, Vossa Senhoria* etc.

Em vez das formas oblíquas, aparecem essas mesmas locuções ou os pronomes oblíquos adverbais de terceira pessoa (*o, a*; *lhe*; ou, no plural, *os, as, lhes*).

Esse sistema de tratamento do ouvinte, que elimina as formas pronominais retas e a forma verbal de P5, funciona num registro altamente formal quer da língua oral, quer da língua escrita.

Um sistema menos formal, vigente especialmente no português europeu, particularmente no dialeto social culto da área de Lisboa, consiste, como marca de acatamento, em tratar o ouvinte, com o verbo em terceira pessoa, por um nome ou locução referente à sua profissão ou *status* social:

(6) a. *o senhor professor* ou *o professor;*

b. *o senhor doutor* ou *o doutor.*

A seu lado, há um tratamento íntimo caracterizado por P2 para o pronome e o verbo.

Outra possibilidade, que é a que funciona no dialeto culto da área do Rio de Janeiro, é usar para o ouvinte o verbo na terceira pessoa e marcar a posição do ouvinte, em relação ao falante, pelas palavras *você* (tratamento íntimo) e *o senhor* (feminino em *-a*) para o tratamento mais cerimonioso.

Note-se que qualquer desses sistemas, com o verbo na terceira pessoa em referência ao ouvinte e uma palavra ou locução especial, ao invés do pronome pessoal reto, mantém para o ouvinte as formas oblíquas adverbais de terceira pessoa (*eu o ouço, eu lhe falo*). Na área do Rio de Janeiro, entretanto, e alhures, no português do Brasil, a adoção de *você* como tratamento de intimidade, num registro informal, introduz a forma adverbal *te* ao lado de *o, a* ou *lhe*, e assim aquela forma fica intercambiável com estas duas.

Remodelação mais profunda do sistema consiste em deslocar *lhe* (com a mesma amplitude de *me* e *te*) para forma adverbal correspondente a *você* e *o senhor*. Ao mesmo tempo, na terceira pessoa propriamente dita, se eliminam *o, a* e *lhe* (no plural *os, as* e *lhes*) em proveito de *ele* (*-a, -s*) em qualquer função na frase. É a rigor o registro que vigora na área do Rio de Janeiro.

Daí, o seguinte sistema:

P1	eu	me	mim	comigo
P2	você o senhor	lhe (te)		
P3	ele (-a)			
P6	P3 + /S/[xxii]			

A série *tu, te, ti, contigo* persiste com finalidade puramente estilística, ao lado de *você.*

Note-se que, para P3 e P6, há uma série de formas oblíquas, ditas "reflexivas", quando se trata na sentença da mesma pessoa que o sujeito: *se*, adverbal; *si*, forma oblíqua preposicionada; *consigo*, aglutinação da preposição *com* e uma variante de *si*:

(7) a. *Ele se vê no espelho.*

b. *Ele é tão vaidoso que só fala de si.*

c. *Sem nada dizer, ele pensou consigo...*

Daí, um sistema, especialmente comum no português culto europeu, em que se deslocam as formas preposicionadas *si* e *consigo* para o ouvinte, quando tratado como verbo na terceira pessoa:

(8) a. *Venho a si para lhe comunicar...*

b. *Falo especialmente consigo, porque o considero justo e compreensivo.*

Diante de todos esses sistemas interferentes dos pronomes pessoais portugueses, terminemos por apresentar aquele que, para a língua escrita e a língua oral formulada, adota o nosso ensino escolar:

P1	eu	me	mim	comigo
P2	você; o senhor (*fem*. a senhora) tu	o (*fem*. a) lhe te	ti	contigo
P4	nós			conosco
P5	primeira série de P2 + /S/			
P3	ele (-a)	o (a), lhe		
P6	P3 + /S/			

60 OS PRONOMES POSSESSIVOS

Esses pronomes pessoais são funcionalmente substantivos. Os adjetivos correspondentes vêm a ser os chamados adjetivos possessivos, que têm as marcas nominais de feminino e plural para concordarem com o nome determinado[xxiii].

O sistema teórico dos possessivos, em que se leva em conta um P5, plural puro e simples de P2, é o seguinte:

	Masculino	**Plural**	**Feminino**	**Plural**
P1	*me + o = meu*	+ /S/	*/miN/ minh + a = minha*	+ /S/
P2	*te + o = teu*	+ /S/	*tu + a = tua*	+ /S/
P4	*/nɔS/ + o = nosso*	+ /S/	*+ a*	+ /S/
P5	*/vɔS/ + o = vosso*	+ /S/	*+ a*	+ /S/
P3 e P6	*se + o = seu*	+ /S/	*su + a = sua*	+ /S/

A forma de P5 persiste no tratamento formal ao ouvinte como *Vossa Alteza, Vossa Excelência, Vossa Senhoria* etc., e o verbo na terceira pessoa concorda com a qualidade expressa do ouvinte.

Elimina-se, porém, nos demais tratamentos do ouvinte na terceira pessoa verbal. A série P3 e P6 – *seu, sua, seus, suas* – é o adjetivo correspondente ao ouvinte como determinante:

(9) a. *Sua decisão* (a decisão de Vossa Excelência)

b. *Sua opinião* (a opinião do senhor professor)

c. *Seu livro* (o livro do senhor ou de você)

Daí decorre uma ambiguidade incômoda com a série *seu* para P3 e P6, propriamente ditos:

(10) *sua opinião* = *a opinião dele* ou *deles*.

O resultado na língua coloquial e mesmo na língua escrita em registro pouco formal é a eliminação da série *seu* para P3 e P6 e sua substituição neste caso por *dele* etc., ou seja, o pronome pessoal substantivo de P3 e P6 sob a regência da preposição *de*.

Como todos os adjetivos, os pronomes pessoais adjetivos, ditos "possessivos", podem determinar ou predicar um nome ou pronome substantivo. No primeiro caso, acrescenta-se a esse nome e com ele concorda em gênero e número, dando o conjunto determinado: determinante. No segundo caso, reporta-se a um substantivo sujeito, dentro do predicado oracional, interpondo-se entre os dois vocábulos uma forma verbal do *ser* (11a, b); da mesma sorte (11c), e assim por diante.

(11) a. *O livro é bom.*

b. *As lobas eram ferozes.*

c. *O livro é meu.*

Neste uso predicativo, entretanto, as nossas gramáticas tradicionais desenvolveram uma teoria da possibilidade de um "possessivo substantivo", quando precedido do artigo definido *o, a* etc.:

(12) *Este livro é o meu.*

A ideia subjacente é que o artigo "substantiva" o adjetivo, como sucede em *o belo*, equivalente a *a beleza*. Mas a associação entre as duas construções é apenas aparente; na realidade, o artigo, diante do possessivo, está puramente na sua função essencial de tornar definido o ser determinado, que sem ele fica indefinido. Em (13) apenas se expressa que o livro assim determinado é *meu* entre outros, dos quais não se destaca definidamente nem no espírito do falante nem no do ouvinte. Ao contrário, (12) refere-se a um livro bem individualizado para os interlocutores. Mas em qualquer dos casos se trata de uma função adjetiva.

(13) *Este livro é meu.*

Quanto a expressões do tipo (14), o segundo possessivo só aparentemente está sem o substantivo determinado. Trata-se do substantivo *livro*, enunciado na primeira parte da expressão e omitido na segunda pelo processo de economia de linguagem chamado **elipse** desde a época da gramaticologia grega. E ainda aí a partícula *o* está na sua função essencial de artigo definido (tanto *seu livro* como *meu livro* estão individualizados para quem fala e quem ouve).

(14) *O livro seu e o meu.*

Podemos assim concluir que os chamados possessivos não são mais do que as formas adjetivas dos pronomes pessoais propriamente ditos.

Esses pronomes pessoais adjetivos não têm por natureza um caráter de definidor, ou individualizador, do determinado. O que lhes dá esse caráter é a presença de artigo. Cabe apenas ressalvar que com determinantes e antecedentes de um determinado[xxiv] o caráter definidor desaparece e ele pode figurar, ou não, na locução em variação livre (*meu livro* ou *o meu livro*). A definição só ocorre, pela presença do artigo, no emprego predicativo ou, como determinante, posposto ao determinado:

(15) a. *Este é o meu livro.*

b. *O livro meu não está aqui.*

61 OS PRONOMES DEMONSTRATIVOS

A segunda subclasse dos pronomes é a dos chamados "demonstrativos". A sua função é indicar a posição no espaço de um elemento do mundo biossocial tratado na língua como "ser", ou "nome". Essa indicação se faz em referência à posição do falante. Há a tal respeito vários sistemas de demonstrativos pelas línguas do mundo afora. Um, muito generalizado, é dicotômico e consiste em marcar o ser indicado como próximo ou distante do falante, como se vê em inglês na oposição *this*: *that*, bem como em muitas línguas românicas. A língua portuguesa apresenta um sistema mais elaborado, tricotômico, em que se leva em conta o ouvinte:

(16) a. *este* (próximo do falante)

b. *esse* (próximo do ouvinte)

c. *aquele* (fora dos campos do falante e do ouvinte)

São vocábulos de estrutura nominal de tema em -*e*, com feminino e plural, como vimos suceder com *ele* (e com a alternância submorfêmica /e/:/ ɛ/ no radical feminino). O seu emprego é indiferentemente em função adjetiva (17a), ou em função substantiva (17b):

(17) a. *este livro*

b. *este não é o meu livro*

A seu lado figura em cada série uma forma específica[xxv] – *isto, isso, aquilo* – com as três marcas seguintes:

a) só têm emprego substantivo;

b) são invariáveis em gênero e número e de tema em -*o*;

c) só se reportam a seres considerados como inanimados ou "coisas".

Uma quarta série neutraliza a posição definida no espaço e introduz em seu lugar a noção gramatical da "definição". É a série *o*, *a*, *os*, *as*, cuja forma assinalada pelas três marcas acima referidas é a partícula invariável *o*. É o pronome meramente definidor *o*, *a*, *os*, *as*, que em função adjetiva, como determinante de um nome substantivo, recebe tradicionalmente em nossas gramáticas o título do "artigo definido" e que vimos ter um papel essencial na marcação do gênero dos nomes substantivos. O seu emprego isolado, como pronome substantivo, é particularmente frequente diante da partícula *que* e em tal caso corresponde a *aquele* (para assinalar a eliminação dos campos do falante e do ouvinte) como a uma forma mais enfática:

(18) a. *Os que mais reclamam são os que menos razão têm.*

b. *Aqueles que mais reclamam são aqueles que menos razão têm.*

Daí, o seguinte quadro dos pronomes demonstrativos portugueses (com alternância submorfêmica /e/: /ɛ/ no radical feminino):

Campo do falante	*este*	+*a*	+/S/	*isto*
Campo do ouvinte	*esse*	+*a*	+/S/	*isso*
Campo externo ao falante e ao ouvinte	*aquele*	+*a*	+/S/	*aquilo*
Campo indiferenciado ou "neutralizado": a. função substantiva (emprego enfático) b. função adjetiva (artigo definido)	*aquele, o* *o*	+*a* +*a*	+/S/ +/S/	*aquilo, o*

O papel dos demonstrativos é, portanto, essencialmente "dêitico", isto é, indicador no espaço. Cabe-lhe, entretanto, um segundo papel, que Said Ali chama "anafórico" (ALI, 1930: 262). Consiste não numa referência ao mundo biossocial, mas ao que foi dito ou vai ser dito no contexto linguístico. As nossas gramáticas costumam atribuir em tal caso a *este* o que vai ser dito, a *esse* o que acaba de ser dito e a *aquele* o que já foi dito há algum tempo ou noutro contexto linguístico. Mas trata-se na realidade de uma normalização muito convencional. A rigor, no emprego anafórico desaparece a oposição *este*: *esse*, ou, antes, *este* não passa de uma forma mais enfática do que *esse*. A oposição estrutural se transpõe para uma mera oposição estilística. A verdadeira oposição fica entre *este* (*esse*): *aquele*, assinalando o primeiro membro proximidade no contexto, e o segundo uma referência à distância.

Como, por outro lado, a distinção fonológica entre *este* e *esse* é pequena (/st/:/s/), dá-se na língua coloquial brasileira um intercâmbio entre os dois pronomes, mesmo no papel dêitico, que os torna gramaticalmente equivalentes. Daí resulta um sistema dicotômico *este* (*esse*), próximo do falante, *versus aquele*, distante do falante, à maneira do sistema inglês *this*: *that*. Na área do Rio de Janeiro é então a forma *esse* que predomina sobre *este*, o que equivale a uma mudança de /ste/ para /s/. Surge daí uma variação livre entre *este* e *esse*, de[xxvi] que na área do Rio de Janeiro predomina a segunda forma. A norma escolar combate essa tendência no sentido de repor o sistema tricotômico, em que *esse* se circunscreve ao campo do ouvinte; e por ele se pauta a língua escrita e o registro formal da língua oral culta.

Com essa descrição não se esgota, porém, a análise dos pronomes demonstrativos portugueses.

A nossa língua tem também um sistema de locativos, ou seja, de demonstrativos em função adverbial. Uma primeira série corresponde a *este*, *esse* e *aquele*:

a) locativo da área do falante: *aqui*;

b) locativo da área do ouvinte: *aí*;

c) locativo de uma terceira área, distante do falante e do ouvinte: *ali*.

Outra série, dicotômica, opõe *cá*, próximo do falante, a *lá*, distante do falante, com uma forma intermediária *acolá*, para em oposição a *lá* distinguir entre dois locais distantes ambos do falante. As duas séries interferem entre si, com uma variação livre entre *cá* e *aqui* (o português do Brasil marginaliza a forma *cá*) e o acréscimo de *lá* à série *aqui*, *aí*, *ali* para assinalar uma localização além de *ali*.

Uma terceira série de locativos estabelece a posição não em função do falante, mas de um ponto qualquer que este toma como referência:

a) antes desse ponto: *aquém*;

b)[xxvii] depois desse ponto: *além*.

NOTAS DOS EDITORES

Parte Segunda

i. A paragrafação foi alterada para fins de clareza.

ii. A mudança nas convenções ortográficas faz com que hoje o exemplo em discussão não seja pertinente, dado que se escreveria *livre-arbítrio* mas Mattoso Camara está falando dos compostos que não exibem qualquer marca da composição, e no momento em que ele escreveu o livro a ortografia oficial preconizava *livre arbítrio*. Estamos optando por manter o composto escolhido pelo autor, embora não seja difícil encontrar outros compostos que ilustrariam igualmente bem o ponto em discussão; contudo, apenas aqui estamos grafando como no original; no corpo do texto, a seguir, a grafia é a que sugere a nova ortografia do português.

iii. As sucessivas mudanças na ortografia do português tornaram essa nota matéria vencida, o que fez com que nas edições mais recentes deste livro tenham sido retirados os exemplos que estão na versão original. Achamos por bem recolocá-los em seu lugar para que o leitor possa apreciar o argumento em toda a sua extensão.

iv. A redação original era *uma ou mais formas presas*, o que não está de acordo com a própria definição do autor, razão pela qual substituímos *uma* por *duas* no corpo do texto.

v. No original, *assimilou*, uma palavra que não faz muito sentido neste contexto.

vi. Na primeira e demais edições, lê-se: *com complemento*.

vii. No original, a sentença "que são essencialmente substantivos" aparece entre vírgulas, o que daria a ela uma leitura apositiva, uma leitura que não é condizente com a teoria sobre a função substantiva ou adjetiva que todos os nomes podem ter. Por esta razão, suprimimos as vírgulas, deixando para a sentença apenas a leitura restritiva.

viii. A pontuação foi alterada para fins de clareza.

ix. Na primeira edição tem-se: *...denominados como a de "menino"*. A alteração visa tornar mais clara a comparação. Também uma alteração na pontuação foi feita (inserção de uma vírgula após *menina*) com a mesma intenção de tornar o trecho todo mais claro.

x. Na primeira edição tem-se: *...se se estende...*, uma construção que é possível em português, mas não parece ser a construção em jogo no trecho em tela, razão pela qual subtraímos um "se".

xi. A última edição coloca em nota de rodapé a informação que constava no corpo do texto a respeito da autoria dos versos citados. Recolocamos no texto a informação sobre autoria, data da obra e página da citação, como nos outros casos.

xii. A paragrafação foi alterada para fins de clareza.

xiii. A paragrafação foi alterada para fins de clareza.

xiv. Embora desde a primeira edição figure aqui a palavra "irregularidade", não é esse o ponto da discussão de Mattoso Camara aqui; ao contrário, o que está em análise é a expressão de irrealidade, razão pela qual fizemos a substituição da palavra no corpo do texto.

xv. O original traz uma organização espacial que confunde o leitor: "...nomes *você(s)* e *(o,a) (s)* *senhor* e *(a)(s)* com o verbo...". Entendemos que a exclusão do asterisco e da conjunção "e" que segue "senhor" oferece a leitura adequada para o trecho.

xvi. A palavra "caso" foi incluída para resolver o problema de construção presente no trecho. Para fins de clareza e conforto visual, também foi alterada neste e em trechos similares a marcação das pessoas quando coordenadas; assim, substituímos, por exemplo *P1,2,3,6* por *P1, P2, P3, P6*.

xvii. Na primeira e demais edições, lê-se: *há a mudança no radical*.

xviii. Na primeira e demais edições, lê-se: *acrescentam o R um fonema ou grupos de fonemas*.

xvix. A paragrafação seguinte foi alterada, para mais clareza.

xx. O texto original foi minimamente alterado, para manter o paralelismo com os itens anteriores.

xxi. Na rediagramação executada nesse trecho, foi suprimida a conjunção *e*, para efeito de clareza.

xxii. No original, esta linha está preenchida com algo relativamente incompreensível: "s (s)". Optamos por trocar pela formulação que aparece no próximo quadro, que é o quadro mais geral.

xxiii. Na primeira e demais edições lia-se: *...têm as marcas nominais de feminino e plural para concordarem com o adjetivo determinado*. Como exposto no capítulo IX, para Mattoso Camara os nomes podem ter a função de determinados (os substantivos da gramática tradicional) ou de determinantes (os adjetivos da gramática tradicional). Por isso optamos por alterar a passagem para "nome determinado".

xxiv. Na última edição se lia: "Cabe apenas ressalvar que com determinantes e antecedentes de um determinado artigo o caráter definidor desaparece...". Optamos por restituir o texto à sua versão da primeira edição, sem a palavra *artigo*, entendendo que na teoria do autor "determinados" são os adjetivos e advérbios da gramática tradicional (cf. capítulo IX).

xxv. Alteramos aqui a ordem de apresentação das formas específicas para tornar a leitura mais fluida.

xxvi. Na primeira edição (e demais), registrava-se *em que*.

xxvii. Inserido "b)" por amor ao paralelismo.

Referências

ALI, Manuel Said. *Dificuldades da língua portuguesa*: Estudos e observações. Rio de Janeiro: Livraria Francisco Alves, 1930.

BALLY, Charles. *Linguistique générale et linguistique française*. Berna: A. Francke Verlag, 1950.

BARBOSA, Jorge Morais. *Études de phonologie portugaise*. Évora: Universidade de Évora, 1965.

BELLO, Andrés. *Gramática de la lengua castellana*. Buenos Aires: Anaconda, 1943.

BLOOMFIELD, Leonard. Menomini morphophonemics. *Travaux du Cercle Linguistique de Prague*, 8, 1939, p. 105-115.

_____. *Language*. Nova York: Henry Holt, 1933.

BOAS, Franz. Introduction. Bureau of American Ethnology, Bulletin 40. *Handbook of American Indian Languages*. Vol. 1. Washington: Government Print Office, 1911, p. 1-83.

BOCAGE, Manuel Maria Du. *Obras poéticas*. Lisboa: Livraria Editora Tavares Cardoso & Irmão, 1902.

BRÖNDAL, Viggo. *Essais de linguistique générale*. Copenhague: Munskgaard, 1943.

CAMARA JR., Joaquim Mattoso. *Problemas de linguística descritiva*. Petrópolis: Vozes, 1969.

_____. *Princípios de linguística geral*. Rio de Janeiro: Livraria Acadêmica, 1967.

_____. *A forma verbal portuguesa em -ria*. Washington DC: Georgetown University Press, 1967a.

_____. *Para o estudo da fonêmica portuguesa*. Rio de Janeiro: Simões, 1953.

CARVALHO, José G. Herculano de. *Teoria de linguagem*. Lisboa: Atlantida, 1967.

CARVALHO, Ronald de. *Poemas e sonetos*. Rio de Janeiro: Livraria Editora Leite Ribeiro, 1923.

CHAO, Youen-Ren. *Grammar of spoken chinese*. Berkeley: University of California Press, 1968.

CHOMSKY, Noam. *Cartesian linguistics*. Nova York: Harper & Row, 1966.

COSERIU, Eugenio. La lingua di Ion Barbu (com alcune considerazioni sulla semantica delle lingue "imparate"). *Atti del Sodalizio Glottologico Milanese*, I, 2, 1948, p. 47-53.

DIAS, Augusto Epiphanio da Silva. *Syntaxe histórica portuguesa*. Lisboa: Livraria Clássica Editora, 1918.

FREI, Henri. *La grammaire des fautes*. Paris: Librairie Paul Geuthner, 1929.

GLEASON, Henry Allan. *An introduction to descriptive linguistics*. Toronto: Holt, Rinehart & Winston, 1961.

GRAMMONT, Maurice. *Traité de phonétique*. Paris: Delagrave, 1933.

GRAY, Louis H. *Foudations of language*. Nova York: The MacMillan Company, 1939.

GROOT, A. Willem. Structural linguistics and word-classes. *Lingua*, 1, 1948, p. 427-500.

HALL, Robert Anderson. *An essay on language*. Filadélfia/Nova York: Chilton Books, 1968.

_____. *Leave your language alone!*. Nova York: Ithaca, 1950.

HALLE, Morris. On the bases of phonology. In: FODOR, Jerry & KATZ, Jerrold (orgs.). *The structure of language*. Nova Jersey: Prentice-Hall Inc., 1964.

_____. Phonology in generative grammar. *Word*, 18 (1-3), 1962, p. 54-72.

HALLIDAY, Michael Alexander Kirkwood. Speech and situation. *English in Education*, vol. 2, n. A2, 1965, p. 14-17.

_____. Linguistics and machine translation. *Language typology and universals*. Vol. 15, Issue 1-4, 1962, p. 145-158.

_____. Categories of the theory of grammar. *Word*, 17 (3), 1961, p. 241-292.

HEAD, Brian Franklin. *A comparison of the segmental phonology of Lisbon and Rio de Janeiro*. Austin: University of Texas, 1964 (Tese de doutorado).

HJELMSLEV, Louis. *Prolegomena to a theory of language*. Baltimore: Indiana University, 1953 (1943).

_____. *La catégorie des cas. Étude de grammaire générale*. Aarhus: Universitetsforlaget, 1935.

_____. *Principes de grammaire générale*. Copenhague: Bianco Lunos Bogtrykkeri, 1928.

JAKOBSON, Roman. *Fonema e fonologia*. Trad. J. Mattoso Camara Jr. Rio de Janeiro: Livraria Acadêmica, 1967.

_____. *Selected Writings I*: Phonological studies. Haia: Mouton & Co, 1962.

_____. Chapter 2. In: LÉVIS-STRAUSS, C.; JAKOBSON, R.; VOEGELIN, C.F. & SEBEOK, T. (eds.) *Results of the conference of anthropologists and linguists* [Memoir 8 of the International Journal of American Linguistics]. Bloomington: Indiana University, 1953, p. 11-21.

_____. Zur struktur des russischen verbums. *Selected Writings II*: Word and language. Haia: Mouton & Co, 1962a (1932).

_____. Beitrag zur allgemeinen kasuslehre. *Travaux du Cercle Linguistic de Prague*, 6, 1936, p. 240-288.

JAKOBSON, Roman; HALLE, Morris & FANT, Gunnar. *Preliminaires to speech analysis*: The distinctive features and their correlates. Cambridge: MIT Press, 1952.

JESPERSEN, Otto. *The philosophy of grammar*. Londres: Allen & Unwin, 1929.

KAINZ, Friedrich. *Psychologie der sprache*. Vol. 1: Grundlagen der allgemeinen sprachpsychologie. Stuttgart: F. Enke, 1941.

LEMLE, Miriam. Nota sobre os alofones surdos das vogais na fala do Rio de Janeiro. *Estudos Linguísticos*, São Paulo, vol. 1, n. 1, 1966, p. 33-34.

LYONS, John. Towards a national theory of the parts of speech. *Journal of Linguistics*, 2, 1966, p. 209-236.

LÜDTKE, Helmut. Fonemática portuguesa. II – Vocalismo. *Boletim de Filologia*, XIV (3-4), 1953, p. 197-217.

MALMBERG, Bertil. *Phonetics*. Nova York: Dover Publications Inc., 1963.

MARTINET, André. *Elements de linguistique générale*. Paris: Librairie Armand Colin, 1960.

_____. Dialect. *Romance philology*, 8. Bekerley: University California Press, 1954, p. 1-11.

MARTY, Anton. *Über wert und methode einer allgemeinen beschreibenden beteudungslehre*. Berna: Otto Funke Ed., 1950.

MEILLET, Antoine. *Linguistique historique e linguistique générale*. Paris: Librairie Ancienne Honoré Champion, 1921.

MOTA, Otoniel. *Lições de português*. 4. ed. São Paulo: Companhia Editora Nacional, 1926.

NASCENTES, Antenor. *Dicionário etimológico resumido*. Rio de Janeiro: INL/MEC, 1966.

NOBILING, Oskar. Vierzeilen aus dem brasilianischen Staate S. Paulo. *Romanische Forschungen*, 16, n. 1. Frankfurt: Vittorio Klostermann, 1904, p. 137-150.

PAGLIARO, Antonino. *Somario di linguistica arioeuropea I*: Cenni, storici e questioni teoriche. Roma: L'Universale Tipografia Poliglotta/Scuola de Filologia Classica, 1930.

PONTES, Eunice. *Estrutura do verbo no português coloquial*. Petrópolis: Vozes, 1969.

RIBEIRO, João. *Gramática portuguesa, curso superior*. 20. ed. Rio de Janeiro: 1923.

ROBINS, Robert Henry. *A short history of linguistics*. Bloomington/Londres: Indiana University Press, 1967.

ROGERS, Francis Millet. Review of J. Mattoso Camara Jr. para o estudo da fonêmica portuguesa (Rio de Janeiro, 1953). *Language*, 30, 4, out.-dez./1954, p. 503-509.

SÁ, Felipe Franco de. *A língua portuguesa* – Dificuldades e dúvidas. São Luís: Imprensa Oficial, 1915.

SÁ NOGUEIRA, Rodrigo de. *Elementos para um tratado de fonética portuguesa*. Lisboa: Imprensa Nacional, 1938.

SAPIR, Edward. *Língua e ambiente. Linguística como ciência. Ensaios*. Rio de Janeiro: Livraria Acadêmica, 1969.

SAUSSURE, Ferdinand. *Cours de linguistique générale*. Paris: Payot, 1922.

SCHLEGEL, Friedrich von. *Ueber die sprache und weisheit der indier*: Ein beitrag zur begründung der alterthumskunde, nebst metrischen uebersetzungen indischer gedichte. Heidelberg: Mohr & Zimmer Verlag, 1808.

SILVEIRA, Álvaro Ferdinando de Sousa da. *Lições de português*. 3. ed. Rio de Janeiro: Civilização Brasileira, 1937.

SPITZER, Leo. La feminización del neutro. *Revista de Filología Hispánica*, 3, 1941, p. 339-371.

STETSON, Raymond Herbert. *Motor phonetics*. Archives neérlandaises de phonétique expérimentale. Amsterdam: North-Holland Publishing Company, 1951.

TONNELAT, Ernest. *Histoire de la langue allemande*. Paris: Librairie Arman Colin, 1927.

TRUBETZKOY, Nikolay S. Zur algemeinen theorie der phonologischen vokalsysteme. *Travaux du Cercle Linguistique de Prague*, vol. 1, n. 1, 1929, p. 39-67.

VACHEK, Josef. *Dictionnaire de linguistique de l'Ecole de Prague*. Utrecht/Antuérpia: Spectrum, 1960.

VASCONCELOS, Antonio Garcia Ribeiro de. *Gramática histórica da língua portuguesa* (VI e VII classes do Curso dos Liceus). Coimbra, 1900.

VENDRYES, Joseph. *Le langage, introduction linguistique à l'histoire*. Paris: La Renaissance du Livre, 1921.

VIANA, Aniceto dos Reis Gonçalves. *Ortografia nacional.* Simplificação e uniformização das ortografias portuguesas. Lisboa: Livraria Editora Viúva Tavares Cardoso, 1904.

_____. *Exposição da pronúncia normal portuguesa para uso de nacionais e estrangeiros.* Lisboa: Imprensa Nacional, 1892.

Coleção de Linguística

Acesse

livrariavozes.com.br/colecoes/colecao-de-linguistica

para ver a coleção completa